플라워 디자인의 완벽한 이론

FLOWER
DESIGN SCHOOL
플라워 디자인 스쿨

Florists' Review / 이지영 역 / 정순진 감수

Copyright ⓒ Florists' Review Enterprises
All right reserved.
Originally published in U.S.A. by Florists' Review Enterprises

Korean translation rights arranged
with Florists' Review Enterprises
Korean translation rights ⓒ 2016 by Flora Publishing Company

이 책의 한국어판 판권은 Florists' Review Enterprises와의
독점계약으로 도서출판 플로라에 있습니다.
저작권법에 의하여 한국 내에서 보호받고 있는 저작물이므로
전제와 복제 인터넷 등의 수록을 금합니다.

플라워 디자인 스쿨

2016년 4월 15일 1판 1쇄 발행
2022년 12월 6일 1판 3쇄 발행

펴낸이 / 번역	이지영
책임편집	한정희
디자인	Design Bloom 정지현
마케팅	임슬비

펴낸곳	도서출판 플로라
등록	2010년 9월 10일 제 2010-24호
주소	경기도 고양시 덕양구 원흥동 서삼릉1길 22-13
전화	02.323.9850
팩스	02.336.6328
대표메일	flowernews24@naver.com

ISBN 979-11-87261-01-8 13630

잘못된 책은 구입처에서 바꾸어드립니다.

책값은 뒤표지에 있습니다.
이 도서의 국립중앙도서관 출판예정도서목록(CIP)은 서지정보유통지원시스템 홈페이지(http://seoji.nl.go.kr)와
국가자료공동목록시스템(http://www.nl.go.kr/kolisnet)에서 이용하실 수 있습니다.(CIP제어번호: CIP2016006565)

역자 서문

DESIGN SCHOOL

플라워디자인 이론을 공부했다고 해서 디자인을 더 잘 한다는 보장은 없다. 이론을 몰라도 감각적으로 뛰어난 작품을 만드는 디자이너들도 많기 때문이다. 그러나 같은 조건이라면 이론이 체계적으로 정립되어있는 디자이너가 현장과 강의실에서 더 효율적이며 경쟁력이 있을 것이다.

이 책은 미국의 '플로리스트 리뷰'사에서 발행한 책으로 플라워디자인의 스타일과 원리, 요소, 시대적 특성, 디자인 테크닉 등의 이론이 명확하고 체계적으로 실제의 디자인 예시와 함께 정리되어있다. 초보자이건 혹은 꽃을 다루는 일이 직업인 사람이건간에 이 책의 내용을 완벽하게 이해하고 응용할 수 있다면 당신은 감히 플라워디자인의 전문가라고 말할 수 있을 것이다.

절화를 이용한 예술 활동은 꽃꽂이, 꽃예술, 화예디자인, 화훼디자인 등 약간씩 의미를 달리하여 다양한 이름으로 불린다. 이 책에서 다루는 플라워디자인(Flower Design)은 기본적으로는 상업적인 용도를 염두에 둔 커머셜 디자인(Commercial Design)을 뜻한다. 이것은 여백을 강조하는 동양꽃꽂이와 매우 촘촘하게 디자인하는 것이 특징인 유러피언 디자인의 장점들을 취하여 상업적으로 발전시킨 것으로, 미국에서 발전시키고 이론으로 정립하였기 때문에 웨스턴 혹은 아메리칸 스타일이라고도 부른다.

꽃은 그 자체만으로도 아름답다. 화병 속에 프리지아 한 단을 꽂아 놓는 것만으로도 매우 만족스러울 수 있다. 그러나 우리는 이것을 플라워디자인이라고 하지는 않는다. 플라워디자인은 꽃들이 그 자체의 아름다움을 넘어서 전혀 새로운 미적 가치를 가지고 재창조되는 과정을 말하기 때문이다.

처음 플라워디자인을 접하는 사람들에게는 자신의 만족뿐 아니라 더 많은 사람들을 기쁘게 할 수 있는 새로운 예술의 세계에 온 것을 축하한다. 이미 꽃 관련 업계에 종사하는 사람들은 이 책의 이론으로 무장하고 활용하여 높은 디자인 경쟁력으로 고객들의 마음을 사로잡아 사업에 도움이 되기를 바란다.

상업 디자인은 판매를 전제로 한다. 자신은 멋진 하이스타일의 상품을 만드는데 고객들의 미적 감각이 따라오지 못해서 호응이 없다고 호소하는 디자이너들을 자주 만난다. 그러나 자기만족을 위한 디자인을 상업 디자인이라고 하지는 않는다. 진정 아름다운 것은 모두의 마음을 훔칠 것이 분명하다.

용어들을 한글로 옮기는 것에 어려움이 많았다. 특히 책 뒷부분의 테크닉의 이름들은 아직 한글로 어떻게 사용할 것인가에 대한 합의가 없어서 각 강의실에서 다르게 사용하기 때문이다. 굳이 한글로 옮길 필요가 없다고 생각되는 몇 개는 영문 그대로 적었으며 영문으로 부르기에 불편한 것은 그 뜻이 잘 통하도록 괄호 안에 앞으로 한글로 사용되었으면 하는 용어들을 만들어 제안하였다. 더 좋은 이름들이 있다면 독자들께서 제안하여 주시기를 바란다.

작품 설명에 나오는 꽃 재료들은 한글로 옮기기가 매우 조심스러웠다. 매우 다양한 이름으로 불리고 있기 때문이다. 제대로 된 꽃들의 유통명을 알려주어서 어려움을 해결해주고 이 책의 감수를 맡아준 국립원예특작과학원 도시농업연구팀의 정순진 박사와, 번역 상의 잘못을 바로 잡아주고 의견을 나눠주신 윤선꽃예술 중앙회 나미영 회장께 깊은 감사의 마음을 전한다.

옮긴이 이지영

CONTENTS

DESIGN SCHOOL

스타일

10   보태니컬

13   원형 매스

21   부채꼴 매스

24   포멀 리니어

27   랜드스케이프

30   라인 매스

39   계란형과 뾰족한 계란형

42   평행 시스템과 뉴 컨벤션

46   삼각형

50   베지테이티브

53   폭포형

디자인의 원리

58   균형

61   강조

64   조화

68   비율

72   율동감

78   통일성

디자인의 요소

82   컬러

94   형태

98   선

102   공간

104   질감

시대별 특징

식민지 시대 110

영국 정원 시대 114

플랑드르 양식 시대 116

빅토리아 시대 120

디자인 테크닉

126 베일링

128 밴딩

128 바인딩

130 번칭

131 번들링

132 클러스터링

133 디테일링

134 페이싱

135 프레이밍

136 그룹핑

137 핸드타잉

138 쿠바리

139 레이싱

140 레이어링

141 미러링

142 파베

143 필로잉

144 시퀀싱

145 쉘터링

146 스태킹

147 테라싱

148 터프팅

149 베일링

150 래핑

151 조우닝

스타일

STYLE

보태니컬	10
원형 매스	13
부채꼴 매스	21
포멀 리니어	24
랜드스케이프	27
라인 매스	30
계란형과 뾰족한 계란형	39
평행 시스템과 뉴 컨벤션	42
삼각형	46
베지테이티브	50
폭포형	53

STYLE

BOTANICAL

보태니컬 디자인은 새롭고 현대적이면서도 자연스러움을 강조한 디자인 기법이다. 주로 구근류의 꽃을 활용하는데, 하나의 디자인 안에 꽃의 성장단계 전부를 담는다. 이 디자인 기법을 활용하면 인위적으로 가공하지 않은 꽃의 아름다움을 드러내면서 주변 환경과도 잘 어울려 보인다.

- 보태니컬 디자인에서는 꽃의 성장단계를 표현하기 위하여 한 식물의 5개 부분이 모두 표현된다. 5개의 부분은 잎, 줄기, 구근, 뿌리, 꽃이며 꽃은 아직 벌어지지 않은 봉오리에서 시들어가는 꽃까지 모두 사용할 수 있고 성장과정의 다양한 단계를 보여준다.

- 이 디자인에서는 모든 재료들을 마치 식물이 실제로 자라고 있는 것처럼 자연스럽게 배열해야 한다.

- 주재료로 사용한 꽃과 자연스럽게 어울릴 수 있다면 다른 꽃을 같이 사용해도 좋다.

- 선택된 꽃의 자연 상태에서의 환경을 반영하여 돌이나 이끼, 잔가지, 흙, 기타의 식물재료 등을 이용하여 작품의 바닥 부분에 새롭게 재창조한다.

천으로 정교하게 만들어진 장미들은 꽃봉오리와 약간 핀 꽃, 활짝 핀 꽃, 약간의 상처 입은 모양을 모두 표현하여 자연에서 발견되는 꽃처럼 최고의 사실성이 느껴지도록 제작되었다. 울타리처럼 생긴 화기에 배열하여 이상적인 보태니컬 디자인을 잘 표현하였다.

STYLE

이끼가 덮인 토분에 단순하게 꽂아 놓기만 하였는데도 이 아마릴리스는 보태니컬 디자인의 특징, 즉 변형되지 않은 아름다움의 특성을 잘 보여준다. 보태니컬 형태에 알맞도록 화분에 심어진 이 구근은 활짝 벌어진 것과 아직 봉오리 상태인 꽃을 모두 보여주어 식물 성장단계의 다양한 모습을 묘사하고 있다.

STYLE

원형 매스

CIRCULAR MASS

원형 매스 디자인은 둥근 구 모양으로 디자인된 것으로, 모든 재료들은 중심점에서 사방으로 퍼져 나온다. 이 디자인은 변형된 형태도 있으며 촘촘한 것, 덩어리진 것, 무작위적인 것까지 아주 다양하다. 형태는 모든 방향과 각도에서 볼 때 똑같아 보이도록 대칭을 이루지만, 전체적으로 볼 때 대칭 형태를 이룬 상태라면 사용되는 소재들은 비대칭이 되도록 배치할 수 있다.

원형 매스 디자인의 역사는 1700년대 후반과 1800년대 초반까지 거슬러 올라가는데, 영국과 프랑스, 독일에서 시작되었으며 이들 나라에서는 원래 손에 드는 꽃다발의 용도로 사용되었다. 오늘날 이 디자인은 손에 드는 부케와 화기 디자인에 모두 사용될 수 있다.

식민지 시대
The American colonial

미국 식민시대 혹은 윌리엄스버그(Williamsburg *버지니아의 영국 식민지 시대의 주도) 꽃다발은 17세기와 18세기의 식민지 기간에 그 뿌리를 두고 있다. 본래는 꽃과 기타 식물, 과일, 채소 등 가능한 모든 재료들을 이용하여 구성되었으며 주로 영국 식민시대의 텃밭이나 정원에서 구할 수 있는 재료들을 사용하였다. 이 용어는 1920-1930년대에 둥근 신부부케를 부르기 위해서 사용되었다가 1950-1960년대에 이르러 당시 인기를 얻고 있었던 둥근 형태의 디자인을 표현하기 위하여 다시 사용되었다.

S T Y L E

- 오늘날 미국 식민시대의 디자인은 꽃과 꽃 사이의 간격이 거의 없거나 아예 없는 것으로 반구형이거나 약간 뽀족한 형태의 조밀하고 덩어리진 디자인이다. 이 디자인은 가장자리가 잎이나 레이스로 된 완벽한 둥근 형태를 가지고 있다.

대부분의 모던 써큘러 디자인(Modern circular design, 현대적인 둥근 형태의 디자인)에서처럼 이 노즈게이(혹은 터지 머지)는 현대 미국의 스타일이지만 오래된 영국의 유산을 반영하고 있다. 이 작품은 전통을 유지하면서도 프리지아와 스토크처럼 향이 있는 꽃과 왁스플라워와 안개꽃, 미니 카네이션 같은 아주 작은 꽃들도 포함하고 있다.

S T Y L E

- 꽃은 격식에 맞게 혹은 격식에 얽매이지 않게 배치할 수 있다. 격식적인 식민시대 디자인은 대칭적으로 균형이 잡혀있으며 전형적으로 꽃과 공간들을 매우 고르게 위치시켰다. 비격식적인 식민시대 디자인은 규칙에 얽매이지 않는 꽃의 배치를 가진다.

유로 라운드(유럽스타일의 둥근 형태)의 최신 버전으로 이 둥근 작품은 드라이 소재들을 평범하게 쌓아 올려서 표현하였다. 그러나 키가 크지 않은 매혹적인 소재들을 혼합함으로써 현대적인 해석을 가미한 작품이다.

STYLE

노즈게이와 터지머지
NOSEGAY and TUSSIE-MUSSIE

1800년대 초부터 '노즈게이'와 '터지머지'는 '포지(posy)'라는 용어와 함께 서로 혼용되어 사용되어왔다. 원래 이 용어들은 향기와 관련이 있는데, '꽃이나 허브를 사용해 만든 꽃다발'을 뜻하며 그 꽃다발에는 어떤 의미를 지닌 특정한 꽃들이 선택되었다. 영국 빅토리아 시대의 꽃말을 사용하여 특정한 감정을 표현하기 위한 수단으로 사용되었다.

14세기로 거슬러 올라가면, 노즈게이는 거리에서 풍기는 혹은 자주 목욕을 하지 않아서 발생되는 악취를 완화시키기 위한 용도로 사용되었으며 당시 사람들은 이 향기가 전염병에 오염된 공기를 없애준다고 믿었다.

나중에 영국의 빅토리아시대에는 정숙한 귀부인들이 사교모임에 생화로 만든 노즈게이를 들고 다녔는데 이것들은 일종의 멋진 액세서리로써 금속이나, 도자기, 유리, 거북껍질, 자개로 만들어진 포지 홀더(posy holders) 혹은 부크티(bouquetiers 불어로 '꽃병'이라는 뜻)에 장식되었다.
노즈게이와 터지머지 모두 둥근 고리 안에 꽃을 배치하는 것이 특징인데 이러한 특징은 오늘날 비더마이어 스타일을 가장 잘 알아볼 수 있는 특성으로 여겨지는 것이다.

'터지머지(tussie-mussie 혹은 tuzzy-muzzy)'라는 용어는 고대 영어 '투지(tuzzy)'라는 단어에서 유래되었고 '꽃송이'나 '작은 꽃다발' 혹은 '꽃이나 잎의 마디'를 뜻했다. 오늘날 현대적인 플로리스트들에겐 자주 사용되는 용어는 아니지만 이 용어가 사용되었다면 대부분 그 꽃다발을 만들기 위해 선택된 꽃이나 잎의 의미를 표현하기 위하여 사용된 것이다. 다음은 현대적인 노즈게이와 터지머지의 특성들이다.

- 디자인 형태는 전형적으로 촘촘한 꽃다발이며 손에 들거나 화기에 연출된다. 이 디자인은 주로 핸드타이드이며 귀여운 정원용 소품으로 사용되기도 한다.

- 꽃의 배치 방법은 정형화된(규칙적인) 방법이나 무작위 방법 모두 사용할 수 있다.

- 적은 양이라도 향이 있는 꽃들이 포함되는 것은 중요한 요소이다.

섬세한 냉동 건조 장미와 작약, 수국의 꽃잎들로 구성된 이 둥근 센터피스는 **비더마이어 스타일**의 둥근 고리 형태에서 모양을 따왔다. 그러나 수국을 전체적으로 사용하지 않고 꽃잎만을 사용하였고 약간은 느슨한 꽃의 배치를 통하여 완전히 현대적인 느낌을 만들어냈다.

STYLE

언제나 인기 있는 유러피언 라운드 매스(European round mass, 유럽스타일의 둥근 매스) 혹은 유로 라운드(Euro round) 스타일의 전형적인 예이다. 낮고 꽃이 무성한 이 작품에서는 잎을 사용하는 전통적인 방식을 취하지 않고 라피아로 둥글게 처리하고 꽃들을 촘촘한 덩어리로 만들어서 악센트를 주는 현대적인 방법을 사용하였다.

STYLE

비더마이어
Biedermeier

'비더마이어'라는 단어는 실제로는 가구 디자인이나 그림, 문학에서의 스타일을 나타내는 말인데 약 1815년에서 1848년의 시기에 독일과 오스트리아에서 유래된 것이다. 이 시기에 유행했던 플라워디자인의 스타일은 영국에서 유행했던 것과 비슷하여 촘촘하게 뭉쳐있는 둥근 꽃다발이다.

영국의 노즈게이와 터지머지, 포지는 보통 동심원 고리에 디자인되었지만 독일과 오스트리아의 꽃다발들은 그렇지 않았다. 오늘날의 플라워디자인에서는 이렇게 꽃을 촘촘하게 배치하는 것을 통상 비더마이어스타일이라고 부른다. 또한 비더마이어 꽃다발들은 영국에서의 것들보다는 더 크고 또한 더욱 돔(반구) 형태를 띠었다. 다음은 현대적인 비더마이어 디자인 스타일의 특징들이다.

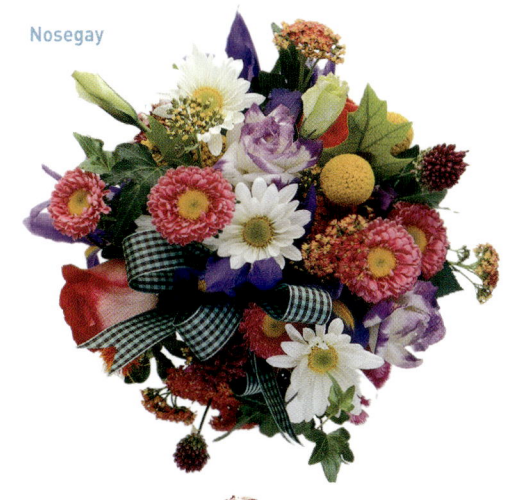

Nosegay

Biedermeier

- 대부분의 플라워디자이너들은 비더마이어 스타일이 둥글고 약간은 돔 형태의 디자인이며 소재들은 동심원 안에 배열되었다고 생각한다. 그러나 계란형이나 원뿔형 디자인이 동심원뿐 아니라 나선형 형태로도 디자인이 되는 등 각기 다르게 변형된 형태들도 있다. 또한 비더마이어라는 용어는 소재들을 섞어서 배치하며 촘촘하게 뭉쳐있는 것을 뜻하기도 한다.

- 둥글게 동심원 고리들로 구성된 비더마이어 꽃다발의 디자인은 가장 바깥쪽 줄에서 시작하고 가운데 부분에서 마무리된다. 각각의 고리는 일반적으로 한 가지 품종이나 형태의 소재로 구성되고 각각의 고리는 서로 다르게 만든다.

- 꽃이나 잎 소재 외에도 과일이나 채소, 꼬투리, 씨앗, 조개, 구슬, 이끼, 리본 등이 각각의 링을 형성하기 위하여 사용될 수 있다. 소재들은 둥글게 생긴 것들이 더 선호된다.

STYLE

유로 라운드
EURO ROUND

오늘날 미국 디자이너들에게 인기 있는 유러피언스타일의 둥글고 촘촘한 작품들은 (통상 '유로 라운드'라고 부른다) 실제로는 고리(링)가 없는 혼합된 비더마이어 꽃다발이다. 다음은 유로 라운드 디자인의 특징이다.

- 유로 라운드는 촘촘하게 뭉쳐있는 꽃다발이다.

- 꽃소재들은 품종별로 그룹핑되었거나 혹은 무작위로 꽂혀있을 수 있다.
  자유롭게 소재들을 배치시켜서 혼합된 유로 라운드를 만들 때에는 주로 크기와 질감이 비슷하고 함께 섞었을 때 개인적인 특성이 강하게 두드러지지 않는 작은 소재들을 사용한다.

- 현대적인 작품에서는 둥글게 말린 철사나 라피아, 천, 장식품 등이 흔하게 사용되는 소재들이다.

Euro Round

Colonial

STYLE

FAN-SHAPED MASS

방사형 어렌지먼트(radiating arrangements)라고도 불리는 부채꼴 형태의 디자인은 반원이며 한쪽 방향의 디자인, 대칭적 균형을 이루는 것이 특징이다. 대부분의 작품들은 대칭적 삼각형 디자인과 같은 원리들에 의해서 구축되며 형태는 정형화되고 인위적인 느낌을 준다.

- 전형적으로는 첫 번째 꽃으로 테두리나 전체적인 뼈대를 먼저 구축하고 다른 추가적인 꽃이나 재료들로 작품의 빈 곳을 채운다. 정형화된 형태는 소재들이 처음 테두리로 설정한 구역을 벗어나 삐져나오지 않도록 하는 것이다.

- 테두리를 만들기 위해서는 매스 소재(mass materials, 덩어리로 된 소재)들도 사용되기는 하지만 라인 소재(line materials, 긴 선이 있는 소재)들이 주로 사용된다.

- 디자인에 있어서 모든 재료들은 반드시 하나의 중심으로부터 사방으로 뻗쳐나가는 것처럼 보여야하며 이것은 수레바퀴의 부채살과 매우 흡사하다.

- 부채꼴 형태 작품은 중심부에 있는 수직축을 중심으로 양쪽 모두 동일한 무게중심(시각적으로 혹은 물리적으로)을 가지도록 디자인된다. 중심축 양쪽의 재료들은 똑같은 소재를 사용하고 같은 위치에 꽂아서 거울에 비친 것처럼 똑같게 보일 수도 있다. 그러나 양쪽이 시각적인 무게가 같고 테두리가 대칭형으로 유지된다면 양쪽의 소재들이 똑같이 반복되어 사용될 필요는 없다.

- 시각적인 균형은 부채꼴 형태의 디자인에서 매우 중요하다. 전통적으로는 이런 시각적 균형을 이루기 위해서 작고 가벼운 느낌의 색을 가진 꽃들이 바깥 부분 맨 끝에 사용되고 중심부에 가까운 곳은 크고 짙거나 밝은 색의 꽃들이 사용된다.

전형적인 부채꼴 형태의 플라워디자인으로 대평원에 피어있는 꽃들을 본떠서 만든 메리골드와 리시안서스, 기타 야생화 등의 재료들을 사용하였다. 재료들을 대칭적으로 위치시켜 반원형의 절반 부분이 다른 쪽을 그대로 옮겨 놓은 것처럼 디자인하였다.

이 센터피스에는 테두리 작업을 위하여 반구형 형태에 보리와 애기범부채 잎이 함께 사용되었다. 테두리의 선을 반복적으로 표현하기 위해서 길고 날씬한 크로커스미아와 트립토메네의 줄기들이 꽂아졌고 한편으론 콜레우스와 사과, 추가로 사용된 트립토메네가 밑부분에 덩어리를 이루며 포컬 포인트를 만들었다. 부채꼴 형태의 작품들은 주로 한쪽 방향 디자인이지만 이 작품에서는 디자인의 요소들의 물리적, 시각적인 균형을 위해서 다른 쪽 방향에서도 반복되었다.

STYLE

포멀 리니어

선형 (線形)
FORMAL LINEAR

독일에서 유래된 포멀 리니어 디자인은 동양의 선과 유럽의 매스가 함께 구성되어 만들어진 혼합된 라인 매스(line mass)이다. 이것을 하이 스타일(high-style) 디자인이라고 부르기도 한다.

STYLE

- 포멀 리니어 디자인은 선명하게 윤곽이 드러난 선과 각도, 평범하지 않은 재료들의 형태로 그 특성을 이룬다. 독특한 소재들과 강렬한 선, 흥미로운 형태를 강조한다.

- 꽃 소재들로 만들어진 분명하고 두드러져 보이는 선은 직선이거나 혹은 곡선일 수 있으며 직선들은 수직이거나 수평이거나 혹은 사선(대각선)일 수도 있다. 이러한 강렬한 선들은 살아 움직이는 것 같은 느낌을 만들어내야만 하고 전체 디자인의 중심으로 집중되어야 한다.

- 전형적으로 소재들은 각각의 그룹으로 디자인되는데 소재들이 만들어 내는 선과 함께 형태, 컬러, 질감, 패턴 등 각 소재들 고유의 아름다움이 두드러져 보이도록 소재 별로 최소한의 양을 사용하도록 한다.

- 그 외에 네가티브 스페이스(negative space, 음화적 공간)가 작품 속에 포함되도록 하는 것은 매우 중요하다. 이렇게 하여 선명한 선들이 모호하게 묻히지 않도록 하며 소재들의 흥미로운 형태가 잘 드러나도록 한다.

- "적을수록 더 좋다(less is more)"라는 말처럼 이 디자인 형태에서는 절제가 가장 중요한 요소이다. 체계화되고 통제되는 것이 필수 사항이지만 그렇다고 소재들을 조작하는 것이 반드시 필요한 것은 아니다.
이 형태의 디자인에서는 바닥 만들기(Basing, 디자인의 아래쪽을 매력적으로 꾸미는 테크닉)가 중요하고 바닥을 만드는 테크닉 중에서 자주 필로잉(Pillowing, 바닥부분을 만드는 테크닉의 하나로 소재들의 반복되는 그룹핑을 이용하여 각 소그룹의 특성들이 나타나지 않고 색감이나 질감들이 강조되어 전체적으로 계곡과 언덕 등의 느낌을 만들어내는 테크닉) 기법이 사용된다.

- 포멀 리니어 디자인들은 거의 대부분 비대칭적으로 균형을 이룬다.

◀ 이 고혹적인 포멀 리니어 디자인은 바닥에 수국과 카네이션, 돈나무 같은 다발들을 포함하고 있으며, 속새와 녹색의 연꽃 꼬투리, 투구꽃, 실라가 수직으로 높이 솟아서 작품을 위로 연장시키고 있다. 디자인 전체를 휘감고 있는 것은 동그랗게 말린 버드나무인데 이것은 작품에 운동감을 더해준다. 특히 속새의 수직선들 중간을 시각적으로 가로지르는 부분에서는 운동감이 더욱 강하게 느껴진다.

S T Y L E

이 작품은 포멀 리니어 디자인으로 흥미로운 형태와 질감 그리고 강렬한 선과 독특한 소재들이 강조되었다. 여기서는 부들과 프리틸라리아, 거베라 데이지, 루카덴드론, 핀쿠션이 멋지게 조건들을 충족하고 있다. 포멀 리니어 디자인에서는 각각의 소재들을 하나 혹은 두 개만 사용하는데 이렇게 해서 소재의 매혹적인 형태와 질감을 더욱 극적으로 연출할 수 있다.

STYLE

LANDSCAPE

랜드스케이프 디자인은 베지테이티브 디자인(vegetative designs)과 비슷해 보이고 양쪽 모두 같은 원리가 적용되는 부분이 많지만 다른 점들이 있다.

- 가장 중요한 차이점으로 랜드스케이프 디자인은 황야의 전경(全景)이나 조경이 된 공간, 손질된 정원 등과 같이 자연의 넓은 지역을 묘사하고 있다는 것이다. 랜드스케이프 디자인은 손대지 않은 상태의 자연보다는 사람이 가꾸고 조성한 계획적인 풍경을 표현한다. 따라서 소재들을 계획적으로 그룹핑하고 높낮이가 다양하도록 디자인하는 것이 적절하다.

- 또 다른 차이점은 랜드스케이프 디자인에서는 소재(재료)들이 자주 구상주의적인 방법(representational manner)으로 사용된다는 것이다. 예를 들어서 꽃이나 잎 소재, 헤더나 왁스플라워의 잔가지들이 작품에서는 꽃이 만발한 관목 숲을 표현하기 위하여 사용될 수 있다. 또한 하나의 나뭇가지가 나무 전체를 대신해서 표현될 수도 있다.

- 랜드스케이프 디자인 작품의 뒷부분은 일반적으로 키가 큰 소재들을 사용하여 장식되는데 이렇게 하여 한쪽 방향에서는 막힘없이 그 구성 요소들을 완벽하게 보여줄 수 있다.

- 마치 정원을 디자인할 때 세부적인 표현을 위해서 장식적으로 위치시켜놓은 것처럼 잎 소재와 바위, 바크, 모래, 이끼, 잔가지, 나무 조각, 정원용품, 토분 등을 이용한다.

- 베지테이티브 디자인에서처럼 모든 소재들은 반드시 같은 계절에 같은 환경에서 자라는 것들을 선택해야 한다.

전형적인 랜드스케이프 디자인으로써 델피니움과 라넌큘러스, 비부르눔 등의 절화들이 자갈로 채워진 쟁반 모양의 화기에 심어져 있다. 갤럭시 잎을 끼워 넣고 이끼로 만든 테라스가 랜드스케이프 디자인을 완성한다.

자연의 넓은 지역을 둘러싸는 형태를 표현하였으며 꽃과 잎 소재들이 흙에 심어져 있는 것처럼 보이도록 디자인하였다. 소재들을 다소 상징적으로 사용하면서 계획적인 그룹핑 기법을 사용하였다. 예를 들어 히스로는 꽃이 피어있는 관목들을, 회양목과 동백나무, 남천 등의 다양한 잎 소재들로는 관목과 덤불, 나무를 만들었다.

STYLE

라인 매스
LINE-MASS

라인 매스 디자인은 세 개의 선으로 된 일본의 이케바나(ikebana)와 유럽의 매스 디자인이 혼합된 형태의 작품이다. 이러한 혼합 형태의 작품이 영어로 표현되어 라인 매스 디자인으로 불리게 된 것이며 이러한 작품들은 디자인의 형태를 형성하는 강하고 분명한 선들과 매스(mass, 밀집형태)를 만드는 소재들의 풍성함을 함께 표현하기 때문에 이 두 가지가 결합된 서술적인 용어가 만들어진 것으로 보인다. 라인 매스 디자인에서의 선들은 매스 디자인보다 시각적으로 더 두드러져 보이고 전체 작품을 기하학적인 형태로 만들어낸다. 선은 직선일 수도 있고 곡선일 수도 있다. 직선으로는 수직형이거나 수평형, 사선형, 역 T 자형, L 자형을 만들고 곡선으로는 크레센트(C 자형)와 호가스 커브(S 자형)를 형성한다.

역 T 자형 INVERTED "T"

- **역 T자형** 디자인 혹은 오픈 트라이앵글(open triangles, 열린 삼각형)은 대칭적인 선 디자인(symmetrical linear designs)이며 각각의 디자인마다 강한 수평적인 평면의 중심으로부터 솟아 오른 강한 수직의 선들을 가지고 있다.

- 수직의 선들이 수평의 선들보다 더 강하고 수직과 수평의 선들이 만나는 지점에 초점영역인 매스가 형성된다. 매스 트라이앵글 디자인(mass triangle design, 매스 삼각형 디자인)이 만들어지지 않도록 초점영역에서 매스를 만드는 소재들은 짧고 낮으며 한정되게(좁게) 사용하는 것이 중요하다.

- 한쪽 방향으로 디자인하든지 양쪽 방향으로 디자인하든지 역 T자형 디자인은 형식적이며 우아한 디자인으로 여겨진다.

장미와 미니 카네이션, 서양 톱풀, 금어초가 거꾸로 된 T를 형성하였다. 소재들의 강한 수직선이 다른 강한 수평면의 중심에서부터 솟아올라 작품의 특징을 만들어냈다.

STYLE

수직형
VERTICAL

- 수직형 작품은 높이 비율에 대한 표준적인 법칙보다 위로 더 길어질 수 있으며 디자인은 힘과 강인함이 느껴지는 역동적인 모습을 가지게 된다. 이 디자인은 또한 격식과 위엄을 느낄 수 있도록 해준다.

- 이러한 디자인은 일반적으로 한쪽 방향 디자인이지만 모든 방향에서 잘 보일 수 있도록 만들어질 수도 있다.

- 시각적인 재미와 균형을 만들기 위해서 수직 디자인에서는 화기의 가장자리 근처 혹은 작품의 맨 꼭대기 부분에 초점영역을 만드는 것이 필요하다.

- 소재들이 화기의 가장자리를 약간 벗어나더라도 원형의 버티컬 디자인에서는 모든 소재들이 화기의 폭 안에 포함되도록 한다.

- 화기가 위아래로 긴 것이나 기둥형태로 된 것을 선택하면 수직의 선이 더욱 강화된다.

◀ 길고 부드러운 딥사쿠스와 솔리다고가 강렬한 느낌의 버티칼 라인매스 작품을 구성하였다. 이 작품에서는 정형화된 형태의 수직형의 선에 충실하도록 소재들이 윗부분으로 연장되었고 완성된 작품의 넓이는 화기의 폭을 넘지 않았다.

STYLE

수평형
HORIZONTAL

- **수평형** 작품들은 강하고 낮은 수평적인 선들을 가졌는데 이 선들이 놓여 있는 표면과 평행을 이룬다. 수평형 작품들의 높이는 상대적으로 낮은데 이것은 중심부가 올라와서 수평의 선들을 강조하려는 디자인 의도를 방해하지 않기 위해서이다.

- 수평의 선들을 강조하기 위하여 가장 긴 줄기들은 보통의 비율을 넘어서기도 한다. 또한 이 줄기들은 작품이 부드럽고 아치형을 이루도록 약간 하향의 각도를 이루는 경우가 있다.

- 수평형 디자인의 원형은 대칭적인 균형을 이루지만 비대칭적으로도 균형을 이룰 수 있으며 또한 한 방향 디자인뿐 아니라 모든 방향으로의 디자인도 가능하다.

- 위에서 보았을 때 수평형 디자인은 가운데 부분이 두드러지게 넓지도 않으며 끝 부분이 너무 가늘어지지도 않은 형태이다.

- 수평형 디자인은 편안하고 고요하게 인식되며 안정감을 제공해 준다.

사선형
DIAGONAL

- **사선형** 디자인은 활동적이고 강력한 비스듬한 사선(斜線)을 가지고 있으며 역동적인 운동감과 긴장상태를 만들어낸다. 이것은 또한 불안정한 감정을 줄 수도 있다.

- 소재들은 일반적으로 수평을 이룬 평면이나 표면으로부터 45° 각도를 이루도록 위치시키지만 주어진 평면으로부터 직각이 아니고 수평이 아닌 어떠한 선들이라도 모두 사선으로 간주된다.

- 사선형 디자인들은 대부분 한쪽 방향 디자인이다.

L자형
"L"-SHAPED

- L자형 디자인들은 자주 직각삼각형 매스 디자인과 혼동된다. 이 두 가지 디자인은 모두 비대칭형 균형의 라인 매스(촘촘한 선)작품들로 수직과 수평의 선을 모두 가지고 있다. 그러나 차이점은 L자형 디자인에서는 수직의 선들이 L자형을 만들기 위하여 작품의 왼쪽에 위치한다는 것이다.

- 통상적으로는 수직의 선이 수평의 선보다 더 긴데 수평의 선에 수직으로 교차하여 정확한 각(90°)을 만든다.

- L자형 디자인들은 수직의 선이 작품의 오른쪽에 만들어질 수도 있다. 그러나 이것은 일반적으로 한 쌍의 L자형 디자인이 사용되어서 그 사이에 다른 중요한 것을 두고 액자형태로 만들고 싶을 때에만 사용되며 가장 흔하게는 제단이나 벽난로 선반에 사용된다.

- L자형 작품들은 주로 한 방향 디자인이다.

긴 줄기의 칼라와 케일 잎으로 만들어진 이 L자형 디자인은 전통적인 라인매스 작품의 구조적인 형식을 보여준다.

STYLE

초승달형 C자형
CRESCENT "C"-SHAPED

- C자형 디자인으로도 알려진 초승달형 디자인은 달의 모양이 1/4가량 시작되었거나 남았을 때의 모양을 닮았다. 가운데 부분에 매스가 있으며 양끝으로 갈수록 뾰족해지는 원형 혹은 타원형 모두에서 비대칭적 형태가 나타난다.

- 초승달형 디자인은 상향(위쪽으로 휘어지는) 혹은 하향(아래쪽으로 휘어지는) 두 개의 모양을 가진다. 화기에 작품을 만들 때는 상향 형태가 더욱 전통적이지만 우아한 반대의 형태도 만들어지는데, 이 때는 주로 기둥처럼 생긴 화기에 디자인된다. 손에 드는 웨딩부케의 경우에는 하향 곡선 형태가 일반적이다.

- 비대칭 균형의 초승달형 디자인의 가장 원형적인 형태에서는 더 긴 선의 끝 부분은 정확히 초점영역의 위 혹은 바로 아래까지 연장된다. 그러나 초승달형이 C자형을 유지하는 한 이 형태는 더욱 '개방된(편안한)' 형태로 변형될 수 있다.

- 비대칭 균형의 초승달형에서는 초점영역을 중심으로 한쪽의 휘어진 선이 다른 쪽의 선보다 우세하다. (혹은 길다) 원형 형태에서는 더 짧은 선이 반드시 긴 선의 1/2에서 3/4의 길이가 되어야 한다.

- 초승달형 디자인의 비대칭(불균형) 때문에 시각적인 균형을 위해서, 특히 화기에 디자인할 때는 일반적으로 강한 초점영역이 필요하다. 초승달형 디자인의 중심 부분은 많은 양의 비어 있는 공간(negative space)과 함께 둥글게 파인 형태로 남겨두어야 한다. 이렇게 하여 디자인의 명확한 형태가 유지될 수 있다.

- 이 디자인의 윤곽은 반드시 부드러워야 하고 소재들은 자연적으로 휘어져 있거나 잘 휘어지는 것을 선택해서 손으로 휘어진 형태를 만들 수 있어야 한다.

- 초점영역에 위치한(주로 수직으로 된) 다른 꽃이나 초, 기타 오브제들의 테두리(프레임)를 만들어 주기 위한 대안으로써 초승달 모양의 디자인이 만들어지기도 한다.

- 여타의 비대칭형 디자인들과 같이 초승달형 디자인도 곡선의 휘어짐을 반대편으로 하여 한 쌍으로 만들어지기도 하는데 이것은 이 사이에 어떤 그림이나 다른 물체를 놓아서 강조하기 위한 것이다.

- 자주 사용되지는 않지만 대칭형 균형의 초승달형 디자인이 만들어지기도 하는데 이럴 때는 초점영역의 양쪽으로 휘어진 선들이 같은 길이로 만들어진다.

- 초승달형 디자인은 한쪽 방향 혹은 모든 방향의 디자인일 수 있다.

라인 매스(line mass) 디자인의 초승달형 혹은 C자형은 중심 부분에 매스가 있다는 특징을 가진 비대칭적 형태로 쉽게 알아볼 수 있다. 이 작품에서는 서양톱풀과 스카비오사, 베로니카로 매스가 만들어졌고 공작 깃털과 유칼립투스로 가늘고 뾰족한 양 끝을 만들었다.

호가스 곡선 S자형
HOGARTH CURVE "S"-SHAPED

- 호가스 곡선은 S자형의 선이다. 이 형태의 좋은 점들은 18세기 경 영국의 화가 윌리엄 호가스 (William Hogarth)가 그의 논문 '아름다움의 분석 (The Analysis of Beauty)'에 설명해 놓았는데 이 논문은 1753년 책으로 발간되었다.
  호가스의 이론에 의하면 구불구불한 선은 "모든 성공적이고 예술적인 디자인의 기본이며 모든 예술의 아름다움은 바로 이 선에서부터 발전"한다. 호가스는 이차원의 형태(two-dimensional form)를 "아름다움의 선"이라고 불렀고 삼차원의 형태(three-dimensional form)를 "우아함의 선"이라고 불렀다.

- 호가스 곡선은 하나의 선을 휘어진 반대쪽의 선 위에 위치시켜서 두 개의 반원을 가장 잘 시각화 시킨 선이다. 호가스 곡선은 각 위치에 계란형의 절반씩만 각각 사용한 형태를 가질 수도 있다.

이런 형태의 작품은 호가스 곡선으로 알려진 S 자형 작품으로 일반적으로 강력한 초점영역을 가지고 있으며 이곳에서부터 상승곡선과 하강곡선이 뻗어져 나온다. 여기에서는 초점영역이 스카비오사 봉오리와 에키놉스, 잇꽃, 서양톱풀, 기타 필러들로 구성되었으며 잘 다듬어진 공작 깃털로 S자형의 상승, 하강곡선을 만들었다.

STYLE

- 호가스 곡선의 디자인은 상승선(위로 휘어진)과 하강선(아래로 휘어진)이 뿜어져 나오는 강력한 초점영역을 가지고 있다.

- 일반적으로 상승선이나 하강선 중 어느쪽이든 S의 한쪽이 다른 쪽 선보다 우세한데(더 길다) 그것은 대부분 위쪽의 상승곡선이다.

- 호가스 곡선의 원형에 있어서 상승곡선의 뾰족한 끝부분은 초점영역의 바로 위쪽에 위치하고 하강곡선의 끝부분은 초점영역의 바로 아랫부분에 있다. 호가스 곡선이 제대로 만들어졌는지 시험해 볼 수 있는 방법은 상승곡선과 하강곡선의 끝 부분에 가상의 선을 만들어 연결해보고 이것이 직선인지 또한 초점영역의 중심을 관통하는지를 보면 된다.

- 상승곡선은 전체 디자인의 균형이 유지되는 한 약간 뒤쪽으로 기울어져 있어도 된다. 하강곡선은 반드시 약간 앞쪽으로, 즉 바라보는 사람 쪽으로 기울어 있어야 한다. 위쪽과 아래쪽 곡선은 반드시 하나의 연속된 선으로 보이도록 해야 한다.
  호가스 곡선의 디자인에서는 S자형태가 유지되어 알아볼 수 있는 한 까지는 똑바로 선 수직의 S자에서부터 약간 수평으로 누운 S자까지 다양하게 응용하여 디자인할 수 있다.

- 호가스 곡선 디자인의 구불구불한 선은 부드러워야하며 소재는 자연스러운 형태로 휘어져 있거나 유연해서 손으로 곡선 형태를 만들 수 있는 것을 선택해야 한다.

- 이러한 형태의 작품에서는 하강곡선이 있기 때문에 키가 크거나 기둥처럼 생긴 화기를 선택하도록 한다.

- 전통적인 호가스 곡선 디자인이 다소 구시대의 디자인처럼 보이기도 하지만 우아한 S자곡선은 현대적 디자인에서 여전히 많이 활용되고 있다.

STYLE

계란형과
뾰족한 계란형

OVAL AND POINTED OVAL

계란형과 뾰족한 계란형은 원형이나 부채 형태의 디자인과 마찬가지로 대부분 대칭적인 균형을 이룬다. 계란형은 원형이 확대된 것으로 완벽하게 둥글거나 약간 뾰족해도 관계없다.

계란형
OVAL

- 계란형은 원형의 변형된 형태이며 모양은 타원형이다.

- 계란형의 매스 디자인은 플랑드르 디자인(Flemish design)의 전통적 형태처럼 수직이거나 계란형 센터피스처럼 수평이어도 된다.

- 항상 대칭적 균형을 이루는 수직의 계란형 작품들은 일반적으로 한 방향 디자인이지만 모든 방향 디자인이어도 된다.

계란형 Oval

STYLE

뾰족한 계란형
POINTED OVAL

- 뾰족한 계란형 매스 디자인은 보통의 계란형보다 가늘고 길다.

- 화기에 만든 작품일 경우 뾰족한 계란형의 끝부분은 통상의 둥근 계란형 디자인보다 더 뾰족하고 모든 방향에서 볼 수 있는 작품인 경우가 더 많다.

- 손에 드는 웨딩부케의 경우, 뾰족한 계란형 디자인은 아래쪽 끝부분이 가늘고 긴 뒤집힌 눈물방울이나 계란의 형태를 닮았다.

- 뾰족한 계란형의 모든 재료들은 둥근 원형의 형태를 유지하면서 하나의 중심점에서 뿜어져 나오고 항상 대칭적 균형을 이룬다.

- 세 개의 꼭지점을 가진 계란형은 뾰족한 꼭대기와 양 옆으로 연장된 삼각형 모양을 가진다. 그러나 각각의 세 꼭지점들을 연결하는 선은 직선이 아니라 둥근 형태를 취한다.

뾰족한 계란형 Pointed oval

세 꼭지 계란형 Three Pointed Oval

국화와 다알리아, 세타리아, 캥거루 포우 등의 풍성하고 멋진 소재들이 뾰족한 계란형을 만들기 위하여 배치되었다. 사방화 디자인이며 대칭적 균형을 가진 뒤집힌 눈물방울 형태가 되었다.

STYLE

평행 시스템과 뉴컨벤션

PARALLEL SYSTEMS AND NEW CONVENTION

평행으로 위치시키는 것과 각 그룹들 간의 음화적 공간(negative space)이 있는 것은 평행 시스템(parallel systems)과 뉴컨벤션(new convention)의 특성을 만드는 중요한 요소이다. 한 가지 중요한 차이점은 평행 시스템이 오직 수직면만을 가지는데 반하여 뉴컨벤션에서는 수직과 수평의 면을 모두 가진다는 것이다.

평행 시스템
PARALLEL SYSTEMS

이러한 형태의 디자인은 이미 오랜 역사를 가지고 있었지만 유럽의 디자이너들은 이런 선을 이용한 플라워아트 형태를 당시 유행하던 매스 디자인을 대체할 훌륭한 대안으로 여기고 대중화시켰다.

- 평행 시스템 디자인에서는 꽃이나 잎 소재들을 그룹으로 혹은 다발지어서 연출하는데 이 때 재료들은 깨끗하고 강하며 주로 수직의 선을 가진 것을 사용한다.

- 각 디자인은 각 그룹 간의 음화적 공간(여백)과 함께 두 개 혹은 그 이상의 그룹들로 구성된다. 일반적으로 소재들은 수직으로 배열되지만 수평이나 사선 혹은 혼합방식으로 배열될 수도 있다.

- 그룹 내에서 소재들끼리는 서로 평행을 이루도록 배열되고 반드시 그렇게 해야 하는 것은 아니지만 각 그룹들끼리도 다른 그룹들과 평행을 이루는 것이 일반적이다.
  수직으로 배열할 경우 각 그룹은 서로 다른 높이를 갖도록 한다.

- 평행 시스템 디자인의 원형에 있어서 각 그룹은 오직 한 가지의 꽃이나 소재들로 구성된다.

평행성은 이 작품의 구성에 사용된 금어초나 부들, 호밀, 머틀과 같이 긴 선을 가진 리니어 플라워나 잎 소재들을 가지고 쉽게 만들 수 있다. 가을에 잘 어울리는 이 작품에서는 바닥을 가리기 위하여 서양톱풀과 잇꽃, 맨드라미와 같은 소재들을 사용하였다. 모든 소재들은 반드시 같은 소재들끼리 그룹핑되도록 배치해야 한다.

STYLE

- 수직 평행형 디자인에서 모든 소재들은 화기의 테두리 안에 있어야 한다.

- 레이어링이나 파베, 테라싱, 필로잉, 클러스터링, 스태킹 같은 바닥 만들기 기법들이 디자인의 밑부분에 사용될 수 있는데, 이 때 사용되는 소재들은 평행의 구성 방식을 따라야하고 더 긴 선들을 방해하지 않는 한에서 사용되어야 한다.

- 이 디자인에는 매스 플라워나 폼 플라워 중에서도 길고 곧은 선을 가진 것들과 모든 라인 플라워, 잎 소재(긴 선이 있는 꽃이나 잎 소재)들이 적당하다. 잔 가지가 많은 소재들은 적절하지 않다.

- 디자인은 오픈 밸런스로 표현되며 통상 두드러지게 대칭이나 비대칭으로 구성하지는 않는다.

뉴컨벤션
NEW CONVENTION

- 뉴컨벤션 디자인은 평면이 더해진 수직의 평행 시스템 디자인이다. 따라서 이 디자인에는 두 개 혹은 그 이상의 그룹들로 이루어진 재료들이 각 그룹 사이의 빈 공간들과 함께 포함되어야 한다.

- 수평적으로 위치한 꽃과 잎들은 수직으로 위치한 재료들과 90° 각도를 이루어야 하고 디자인의 네 방향에서 각각 밖으로 연장되어도 된다.

- 수평으로 디자인되는 것들은 수직으로 표현된 것들을 다시 반영하여 디자인되어야 하기 때문에 수평 혹은 수직의 각 그룹들은 동일한 재료들을 포함하고 있어야 한다.

- 수평의 그룹들은 수직의 그룹들을 그대로 복사한 것이 아니라 단지 반영한 것들이기 때문에 훨씬 짧거나 소재들이 덜 포함되어 있을 수 있다. 또 모든 수직의 그룹들이 수평으로 디자인된 것들을 반영하여 디자인되지는 않는다.

- 바닥만들기 기법, 즉 클러스터링이나 레이어링, 테라싱, 파베 등의 기법들이 작품의 바닥 부분에서 각 소재들의 그룹 간에 결합되어 사용된다.

▲ 수직 평행형 디자인에서는 건초더미처럼 생긴 보리 다발이 조각한 것처럼 매력적인 느낌을 만들어 낸다. 사용된 소재들은 화기의 경계선을 벗어나지 않으면서 직선의 형태를 만들기 위해 선택되고 디자인되었다.

◀ 뉴컨벤션 디자인 작품에는 글라디올러스와 리아트리스, 비연초로 이루어진 수직의 그룹들이 수평으로 다시 반복된다. 각 그룹들 사이에는 음화적 공간이 있고 작품의 바닥 부분에 카네이션과 꼬투리, 잎 소재들이 층지어 쌓여있다. 추가로 만들어진 수평의 층들이 작품의 크기를 더 크게 보이도록 하며 최신의 느낌을 제공한다.

STYLE

TRIANGULAR

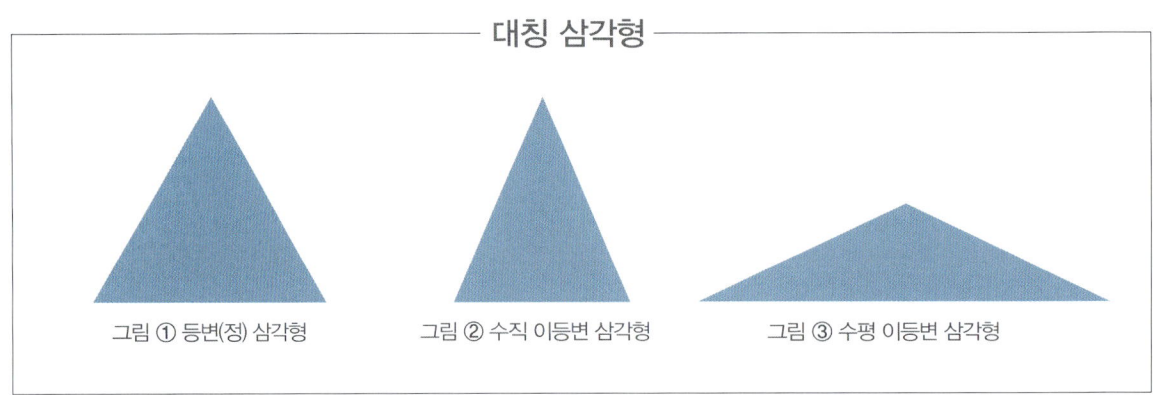

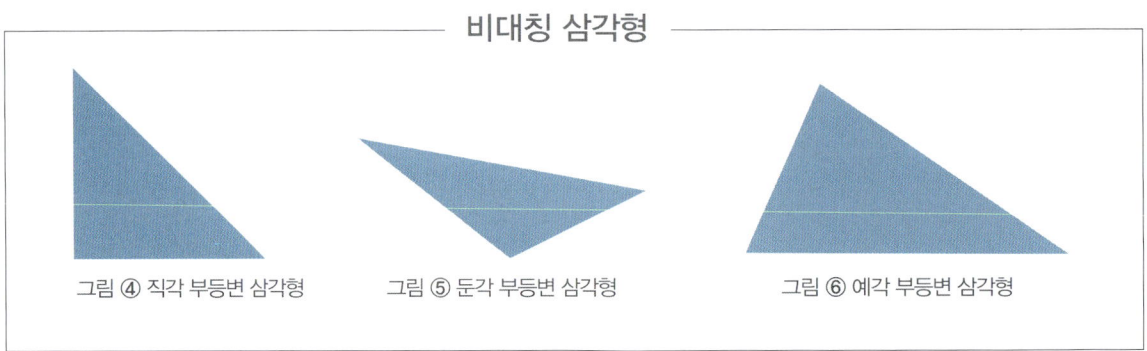

삼각형은 기하학적인 매스 디자인 중에서 가장 친숙한 형태로 전통적으로는 각 소재들 사이에 음화적 공간이 없거나 혹은 아주 조금만 있도록 배치한다.

S T Y L E

- 삼각형 매스 디자인을 만들기 위해서는 첫 번째 꽃을 꽂으면서 테두리 혹은 골격을 만들고 다른 꽃들을 추가하면서 작품을 완성한다. 원형의 형태는 소재들이 최초의 테두리를 벗어나지 않는다.

- 삼각형 매스 디자인은 그림에서 보듯이 대칭형이거나 비대칭형일 수 있으며 또한 수직형이거나 수평형일 수도 있다.

- 삼각형 매스 디자인은 대부분 한 방향 디자인(센터피스의 경우는 예외)이며 소재들이 한쪽 부분에서 방사되도록 연출한다.

- 대부분의 전통적인 삼각형 매스 디자인에서는 작고 가벼운 색의 꽃을 작품의 가장자리 부분에 사용하고 크고 짙은 색과 밝은 색의 꽃은 중심부와 가까운 곳에 사용한다.

- 대칭적인 디자인과 비대칭적인 디자인 모두에서 시각적인 혹은 물리적인 균형은 매우 중요하지만 특히 비대칭적 디자인에서는 특별히 중요하며 균형을 이루기가 더 어렵다.

대칭 삼각형
SYMMETRICAL TRIANGLES

대칭 삼각형은 등변(각 변의 길이가 같은, 정삼각형) 혹은 이등변 삼각형이다.

- 등변 삼각형(정삼각형) 디자인의 수평적인 바닥 선을 형성하는 소재들 길이의 합은 수직적인 중앙선을 만드는 소재들의 길이의 합과 같아야한다.

- 대칭 삼각형은 형식적이며 인위적인 디자인으로 간주된다.
  이등변 삼각형들은 두 개의 똑같은 변을 가진다(그림 2, 3 참조). 이런 형태의 작품들은 가로 폭보다 키가 더 크거나(vertical triangles, 수직 삼각형) 키에 비하여 가로 폭이 더 넓다(horizontal triangles, 수평 삼각형). 전체 방향의 수평 삼각형은 보통 센터피스에 자주 사용된다.

- 등변 삼각형과 이등변 삼각형 작품들 모두 수직의 중심축을 기준으로 양쪽은 동일한 무게(물리적으로 또한 시각적으로)를 가지도록 디자인해야 한다. 중심축 양쪽의 소재들은 다른 쪽을 반영하여 동일한 재료를 사용하고 위치도 같도록 한다. 양쪽이 동일한 시각적인 무게와 골격(테두리)을 유지한다면 한쪽의 소재들이 다른 편에 똑같이 반복될 필요는 없다

아네모네와 패랭이, 프리지아, 히스, 아스틸베, 스토크, 갯버들 등의 여름 꽃들이 혼합되어서 두 개의 똑같은 변을 가진 이등변 삼각형을 형성하였다. 이 삼각형은 가로보다 세로가 길기 때문에 수직 이등변 삼각형이라고 부른다.

글라디올러스와 갯버들의 긴 줄기가 이 두드러진 비대칭 삼각형 작품의 라인을 형성했다. 삼면이 각기 다르고(부등변), 소재들을 한쪽에 더 많이 무겁게 배치함으로써(둔각) 이 작품은 둔각 부등변 삼각형의 스타일을 보여준다. 아스틸베와 활짝핀 글라디올러스 꽃송이들이 초점영역을 만들고 있다.

비대칭 삼각형
ASYMMETRICAL TRIANGLES

세 개의 각기 다른 변을 가진 비대칭 삼각형은 부등변 삼각형이라고도 부른다.

- 부등변 삼각형은 둔각과 예각 혹은 직각을 가진다. 직각(90°)을 가진 부등변 삼각형은 L자형이 된다.(그림 4) 둔각은 누운(둔한) L자형을 닮은 부등변 삼각형을 만든다(그림5). 예각을 가진 부등변 삼각형은 다리의 각도가 변형된 A를 닮았다.(그림 6)

- 부등변 삼각형 디자인은 중심에서 벗어난 수직의 축을 가지며 소재들을 양쪽에 각각 다르게 위치시킨다. 수직으로 절반을 가르면 한쪽이 다른 쪽보다 시각적으로 더 무거워 보이게 될 것이다. 비대칭 디자인이지만 시각적으로 균형 있게 만들기 위해서는 가볍게 보이는 쪽에 긴 줄기로 더해주거나 혹은 더 무거워 보이는 색이나 질감, 형태 혹은 이 모두를 사용하여 보충해 주어야 한다.

- 비대칭 삼각형은 비형식적이며 억지로 꾸민듯한 느낌을 주지 않아 더욱 자연스러운 디자인이다.

베지테이티브
VEGETATIVE

베지테이티브와 랜드스케이프, 보태니컬 디자인은 유사한 점이 많기 때문에 서로 혼동되기 쉽다. 그러나 약간의 배경지식만 익히면 그 차이점을 쉽게 이해할 수 있다.

- 베지테이티브 디자인은 꽃 재료들의 자연스러운 성장 모습 그대로를 표현한다. 꽃과 잎, 가지 등의 재료들이 성장하면서 가지는 습성을 흉내내서 지금도 생장하고 있는 식물을 닮도록 표현한다. 소재들은 그룹핑으로 작품화된다.

- 줄기의 배치는 방사형 혹은 평행형으로 한다. 소재들이 자연상태에서 성장하는 것처럼 작업하기 때문에 리아트리스나 금어초, 글라디올러스처럼 각각 수직으로 평행을 이루어 자라는 소재면 작품도 자연스럽게 그대로 따라하는 것이다. 만일 꽃들이 방사형으로 퍼지거나 가지를 따라 피어나는 것이면 작품도 그렇게 따라하면 된다. 작품은 자연의 상태처럼 포개지거나 섞여있을 수도 있다.

- 키가 크게 자라는 꽃들은 작품의 높은 부분에 위치하게 하고 작게 자라는 꽃들은 작품의 낮은 곳에 위치시키도록 한다. 기교적으로 올바른 베지테이티브 디자인에서는 모든 꽃과 봉우리, 줄기, 잎이 변형되지 않도록 디자인하고 흠집이 있는 것과 활짝 핀 것, 가시 등으로 마무리하도록 한다.

- 소재는 계절, 환경, 지리적으로 같은 곳에서 동시에 볼 수 있는 것들 중에서 선택해야 한다. 꽃과 잎을 함께 사용할 때에도 같은 계절, 같은 지역에서 꽃피고 성장하는 것들을 사용하도록 한다.

- 바윗돌이나 바크, 이끼, 잔가지 등의 다른 소재들은 자연 상태의 같은 곳에서 볼 수 있는 한에서는 함께 사용할 수 있다.

아이리스 생화를 배열한 정교함 때문에 이 작품은 자연에 있는 것과 구별이 어려울 정도이다. 아이리스 꽃들은 햇빛을 따라 뻗치고 거의 같은 높이로 자랐으며 불규칙한 간격을 유지하여 마치 자연 속에서 자라는 것처럼 배열되었다. 가지로는 덤불을 만들어 그것들을 뚫고 아이리스가 성장하는 모습을 만들었고 잎과 이끼는 자연상태의 땅 위에 덮여 있는 모습을 만들었다.

STYLE

이 복잡하고 디테일한 작품은 베지테이티브 디자인이 요구하는 것처럼 그 소재들의 자연적 성장 습관을 묘사하고 있다. 예를 들어, 튤립과 비부르눔은 굽은 버드나무 줄기로 만든 뼈대 안에 높게 서 있으며 반면에 낮게 성장하는 잎소재와 이끼는 낮은 쟁반 안에 있는 작은 돌 위에 얹어져 있다.

STYLE

폭포형

WATERFALL

폭포형은 현대적인 디자인이며 폭포처럼 연속되는 플라워 어렌지먼트이다. 보통 잎으로 풍성하게 처리되고 작품 속에는 여러 겹의 소재들이 아래쪽으로 가파르게 흐르도록 배열한다.

폭포형 디자인은 오늘날 화기에 디자인하는 것과 손에 드는 부케 양쪽 모두에서 대중화를 이루었다. 많은 사람들이 폭포형을 새로운 디자인 스타일로 알고 있지만 이는 1800년대 후반의 샤워 캐스캐이딩 유러피언 신부부케 (shower cascading European bridal bouquets, 떨어져 내리는 듯한 '소나기' 형태의 유럽 신부 부케)와 관련이 있다. 이러한 스타일은 주로 19세기 후반과 20세기 초기의 아르누보 시기의 예술과 장식, 건축양식에 묘사되어 있다.

폭포형 디자인은 현대적이며 자연스럽고 로맨틱한 디자인이 요구될 때에 뛰어나지만, 특히 가까이에서 자세히 볼 수 있는 환경에서 더 뛰어나다.

- 폭포형 디자인은 소재들이 아래를 향하여 흘러내린다는 것과 잎 소재들이 무게감 있게 풍성하다는 것이 특징이다.

- 폭포형 디자인의 다른 특징은 '겹겹이 층을 이룬' 형태 –소재를 쌓고 그 위에 다시 쌓는– 라는 것이다. 잎 소재와 생화, 꽃이 아닌 기타 소재들을 번갈아 배열함으로써 큰 깊이감과 재미 그리고 획일적이지 않은 자연스러운 외관을 만들어준다.

◀ 폭포형 작품에서는 라넌큘러스와 튤립, 버섯 그리고 종이 리본으로 만든 장미들이 바구니 경계로부터 넘쳐흐른다. 일반적으로 길고 휘어지는 속성의 튤립은 잎이 흐르는 듯한 형태를 가진 다른 소재들과 함께 폭포형 디자인을 위한 자연스러운 선택이다.

폭포형 작품의 뛰어난 예로 덩굴과 리본이 바구니의 한쪽 면에서 떨어져 내리며, 반대편에서는 흐르는 물을 표현한 듯 스페니쉬 모스의 다발이 넘쳐흐른다. 예상치 못했던 소재들로 층을 쌓아서 표현한 이 작품은 숨겨진 디테일과 시각적인 확장성을 제공해준다. ▶

- 폭포형 디자인은 일반적으로 다양한 소재들로 구성되기 때문에 폭 넓은 컬러와 질감의 다양성을 가질 수 있다. 깃털과 얇은 철사, 실, 털실, 리본, 다양한 옷감 등과 같이 식물이 아닌 여러 다양한 소재들로 떨어지는 물의 파편들을 묘사하는데 사용할 수 있다. 금속성 실과 같이 반사되는 소재들은 물이 튀고 반짝이는 모습을 표현할 수 있다.

- 폭포형 디자인의 길고 흐르는 듯한 형태를 만들기 위해서는 늘어지고 자연스럽게 휘거나 길고 유연한 줄기를 가진 꽃들을 사용한다. 실유카와 유칼립투스, 아이비, 아스파라거스, 스마일락스와 같은 잎소재들과 넝쿨지는 것은 어떤 것이든 작업에 사용하기 좋다.

- 폭포형 디자인은 일방화(한쪽 방향 디자인)과 사방화(모든 방향 디자인)으로 작업할 수 있다. 일방화에서는 대부분의 소재들이 화기의 입구에서부터 아래로 흐르는데 약간의 꽃들을 뒷부분의 완성과 시각적인 균형을 위해서 사용한다. 사방화에서는 소재들이 화기의 모든 방향에서부터 흘러나오도록 디자인한다.

- 선들이 겹치는 한이 있더라도 모든 소재들은 화기의 중심부로부터 흘러나오도록 한다.

디자인의 원리

PRINCIPLES

균형	58
강조	61
조화	64
비율	68
율동감	72
통일성	78

PRINCIPLES

BALANCE

균형이란 작품의 물리적 또는 시각적 안정성(한 작품의 균형상태)을 말하는데 이것은 꽃과 잎 그리고 기타 소재의 체계적인 배치를 통해서 만들어진다.

물리적 균형
PHYSICAL BALANCE

물리적 균형이란 작품에 있어서 무게(소재들의)의 실제적인 배분을 말한다. 물리적 균형이 이루어지면 작품은 자체적으로 안정되게 서 있으며 넘어지지 않는다.

비대칭 시각적 균형
한쪽에는 백합과 라넌큘러스, 스토크, 갯버들 등의 흰색 꽃들을 풍성하게 꽂고 다른 쪽에는 코르딜리네 잎과 가울테리아, 맥문동, 아스파라거스 풀루모수스를 포함한 잎 소재들이 모여서 비대칭 시각균형을 이룬다.

PRINCIPLES

시각적 균형
VISUAL BALANCE

시각적 균형이란 한 작품이 물리적으로 균형과 안정을 이루고 있다고 여겨지는 인식을 말한다. 만약 어떤 작품이 불균형적이고 불안정적으로 보여 진다면, 이는 마치 비뚤어진 그림을 보는 것과 같은 시각적 불편함을 줄 것이다. 시각적 균형에는 대칭(symmetrical)과 비대칭(asymmetrical), 개방형(open)의 세가지 유형이 있다.

1. 대칭 균형 (Symmetrical Balance)은 작품의 양쪽 편이 똑같은 물리적인 무게 또는 같은 양의 소재들을 가질 때(또는 그렇게 보일 때) 생기게 된다. 대칭 균형은 격식을 차린 형태이고 남성적이며 위엄이 있고 강한 느낌을 준다.

- 대칭 균형의 원형은 동일한 꽃과 잎이 가상의 수직 중심선 양면의 같은 위치에 고르게 배열될 때 만들어지며 작품의 양쪽 편이 서로 거울을 보듯 닮았다.

- 어떤 작품이 대칭적인 모양과 형태를 가지고 있지만 각 소재들의 배치가 가상의 중심선의 양면에서 똑같이 일치하지 않을 때의 균형을 유사대칭(nearsymmetrical)이라 한다. 대부분의 대칭적 균형 작품이 이 유형에 속한다.

2. 비대칭 균형(Asymmetrical balance)은 소재들이 가상의 수직 중심선의 양쪽에 서로 다르게 배열되어 있을 때 생긴다. 이런 균형은 대칭적인 균형보다는 비격식적이며 더욱 자연스럽다.

- 시각적 균형은 소재가 각기 다르게 사용되더라도 각 소재들의 다양한 크기와 컬러, 모양, 그리고 질감으로도 만들 수 있다. 무겁게 보이는 소재들은 색깔로 보면 대체로 어두운 색이거나 밝은 색이며 형태는 크고 둥글고 매스 형태이다. 질감은 거칠고 투박하며 반짝이는 것들이다. 가볍거나 색이 엷고, 작고, 가늘고, 매끈하고, 무디게 보이는 소재들은 덜 무겁게 보인다. 무겁게 보이는 소재는 균형을 맞추기 위하여 시각적 무게가 필요한 곳에 놓여야 한다.

- 일부의 현대적인 작품에서는 무겁게 보이는 꽃과 가볍게 보이는 꽃의 위치를 바꾸어서 배치하기도 한다. 가장 크고 시각적으로 무거워 보이는 꽃들을 디자인의 맨 위에 위치시키고 작은 꽃들을 바닥 부분에 무리를 지어 배치하여 시각적인 균형을 만드는 것이다. 이렇게 전통적인 원리를 변형할 때에는 세심한 솜씨가 요구된다.

PRINCIPLES

3. 현대의 작품 유형에서 가장 일반적으로 볼 수 있는 개방형 균형(Open balance)은 대칭 균형과 비대칭 균형 둘 다 작품에 적용되지 않았을 때에 나타난다. 예를 들면 수직으로 그룹핑된 꽃들과 방사형으로 그룹핑된 꽃들이 조합된 베지테이티브 디자인에서 개방된 균형을 볼 수 있다.

튤립이 화기를 벗어나 바깥을 향해 뻗어서 비대칭 균형을 만들었다. 이러한 효과는 화기 안에 철사로 만든 격자나 치킨 와이어를 사용하여 줄기를 고정시켜서 만들 수 있다.

PRINCIPLES

EMPHASIS

대부분의 작품은 보는 사람의 시선을 끄는 포인트가 있는데 이것은 디자이너의 의도에 의한 것이다. 이러한 강조점을 초점(focal point) 또는 초점영역(focal area)이라고 부른다.

강조는 작품 내에서 형태와 크기, 컬러, 또는 질감이 다른 소재들과 비교하여 지배적이거나 혹은 대조적인 한 가지 또는 그 이상의 소재들을 전략적으로 배치하여 얻어진다. 액세서리를 활용하거나 공간 배치를 변화시켜서 강조할 수도 있다. 이렇게 하여 하나의 영역이 더 큰 시각적 효과를 얻는다.

보통 한 작품에서의 강조점은 화기의 가장자리나 테두리에 위치한다. 현대의 작품에서는 두 군데 이상의 초점영역을 만들기도 하는데 이것을 관심지점(points of interest)이라고 부른다. 이러한 관심지점은 어떤 곳에도 만들수 있는데 디자인의 맨 윗부분에 있거나 화기 가장자리 아래에 매달리기도 하고 화기를 벗어나 한쪽 또는 다른 쪽에 위치할 수도 있다.

대칭적인 작품에서의 초점영역은 대체적으로 중앙에 위치한다. 비대칭적인 작품에서의 초점영역은 흔히 중심에서 벗어나 왼쪽에 위치한다. 디자이너들은 본능적으로 오른쪽보다는 왼쪽에 이러한 강조 부위를 놓게 되는데 이것은 사물을 보거나 책을 읽을 때 왼쪽에서 오른쪽으로 보는 패턴을 감안한 것이다.

PRINCIPLES

이 작품에는 소재의 그룹핑을 통하여 몇 군데 관심지점이 만들어졌다. 각각의 컬러별 구역들은 뚜렷한 대조를 이루었고 군자란, 아프리칸 바이올렛, 루스쿠스, 유칼립투스, 갯버들 등의 각 그룹들이 따로따로 강조되었다.

컬러를 통한 강조
EMPHASIS WITH COLOR

가장 손쉽게 강조를 만드는 방법은 색채의 대비를 이용하는 것이다. 명도와 농도 혹은 색상들의 변화는 즉각적인 관심을 끌게된다. 작품에서 가장 두드러진 대비는 초점영역에 밝은 꽃을 위치시키고 작품의 가장자리로 갈수록 점점 옅어지도록 하는 것이다.

어둡거나 밝은 컬러는 가볍고 둔한(칙칙한) 컬러보다는 더욱 시각적 무게감을 가지기 때문에 일반적으로 초점영역에 놓이게 된다. 따뜻한 컬러를 차가운 컬러와 대비시키는 것 역시 강조를 만든다.

◀ 한 작품 내에서도 여러 방법으로 강조를 만들 수 있다. 세타리아와 지중해참나무, 미네소타 삼나무, 풀로 만든 구로 구성된 이 가을 느낌의 작품은 초점영역이 강조되었다. 이 작품처럼 분수형 디자인에서는 일반적으로 중심에 소재들이 더욱 빽빽하게 밀집되어있고 가장자리에는 느슨하게 꽂혀있다.

그 밖의 강조
OTHER EMPHASIZERS

다음은 강조를 만드는 그 밖의 사례들이다.

- 꽃의 크기를 기준으로 순서대로 배치하는 것, 즉 가장 크거나 활짝 벌어진 꽃들은 초점영역에, 가장 작거나 봉오리 상태의 꽃들은 작품의 가장자리에 위치시킨다.

- 초점영역에 있는 꽃과 꽃 사이의 간격보다 바깥쪽에 있는 꽃들의 간격을 더 넓게 둔다.

- 백합이나 서양란, 극락조화 등과 같은 독특한 형태의 꽃을 사용하거나 활이나 새 둥지, 과일과 같이 대조되는 질감이나 액세서리를 사용한다.

PRINCIPLES

조화
HARMONY

플라워디자인에서 조화란 통일성과 밀접한 관련이 있으며 작품의 구성 내에서 소재들의 신중한 선택과 배치에 의해 생기는 미적인 특성을 말한다. 조화란 소재와 컬러, 그리고 질감이 만족스러운 조합을 이루어서 얻어지는 효과적인 구성의 결과이다.

작품의 모든 구성 요소(꽃, 잎 소재, 화기, 액세서리 등)가 잘 섞여 있고 디자인의 의도된 목적에 부합할 때 조화는 이뤄진다. 예를 들어 백일초와 데이지는 토기 항아리 안에서 자연스럽게 보여지며 가벼운 장식 용도로 적합하지만 긴 줄기를 가진 장미는 크리스탈 화병에 더 잘 어울리고 일상적인 용도와 낭만적인 용도로 사용될 수 있다.

올바른 소재 선택 THE RIGHT STUFF

소재를 선택할 때, 디자이너는 많은 요인을 고려해야 한다.

- 컬러와 크기, 질감, 각 재료의 모양을 고려하여 꽃을 선택할 때에는 반드시 디자인이 의도하는 형태와 분위기, 주제, 목적에 맞도록 선택해야 한다.

- 조화는 봄에 피는 구근 꽃들을 섞어놓은 것처럼 비슷한 재료들(협 조화가 만들어진다)을 사용하여 표현될 수도 있지만 열대 생강과 전통의 카네이션과 같은 대조되는 소재들(불협 조화가 만들어진다)을 사용하여 표현될 수도 있다.

- 핑크 헬리코니아와 핑크 안스리움, 핑크 프로티아, 코르딜리네 잎으로 만든 작품에서는 각 소재들이 서로 조화를 이룰 것이다. 그러나 이런 작품에 데이지나 원뿔형의 솔방울들이 섞인다면 서로 효과적으로 어울리기 힘들 것이다.

PRINCIPLES

생기 가득한 프리뮬러가 꽃에 어울리도록 색칠된 화기와 잎과 꽃을 흉내 내서 만든 주름진 리본으로 장식되어서 재미와 현대적인 느낌, 조화로운 멋을 띠었다.

소용돌이 치듯이 동여맨 버드나무가 위풍 있고 남성적인 항아리 모양의 화기에 디자인된 목련잎과 유칼립투스 꼬투리, 복숭아색 수국들을 감싸 안아서 컬러와 질감, 리듬에서 조화를 만들어냈다. 양각 무늬의 세라믹 사각화기에 넣어서 추가로 사용된 버드나무와 불가사리, 자연 소재 덩쿨로 만든 기둥으로 창의적인 액세서리를 만들었다.

PRINCIPLES

조화로운 컬러
HARMONIOUS COLOR

소재를 선택할 때 디자이너는 많은 요인을 고려해야 한다.

- 컬러는 어떤 디자인에서 조화(또는 부조화)를 만들어내는 가장 중요한 단일요소이다. 유사색 조화 (analogous)와 보색 조화(complementary), 단일색 조화 (monochromatic)처럼 컬러의 조화를 만들어내는 것은 작품에 시각적인 즐거움을 만들기 위하여 자주 사용되는 것이다.

- 여러 컬러를 혼합할 때, 혼합된 컬러들의 연하거나 진하고 어두운 정도는 조화에 많은 영향을 줄 수 있다. 예를 들어 등화색(secondary colors, 색채판에서 원색 간의 중간색으로 이웃한 두 개의 원색을 같은 양으로 섞을 때 얻어지는 색)인 주황색과 녹색, 보라색을 이용하여 등거리색 조화를 만들 때 순수한 색상(hue, 완전한 농도의 색채)은 밝고 뚜렷한 조화를 만든다. 이 컬러들의 연한 색상(Tint, 순수한 색상에 흰색이 더해진)인 복숭아색과 민트색, 라벤더색은 부드러운 봄의 조화를 만들지만 어두운 색상(Shade, 순수한 색상에 검정색이 더해진)인 청담색과 적갈색, 자주색은 조화를 이루기 어려울 것이다.

- 보다 창의적이고 만족스러운 색의 조화를 만들기 위해서는 하나의 순수한 색상이 2차색의 연한 색상(tint)이나 3차색의 어두운 색상(shade)과 결합될 수 있다. 이런 방법으로 컬러 조합을 이룬 것의 예로는 복숭아색(tint, 연한 색상)과 녹색(hue, 순수한 색상), 자주색(shade, 어두운 색상)이 있다.

PRINCIPLES

PROPORTION

플라워디자인에서의 비율은 꽃과 잎 소재, 액세서리, 화기를 포함하는 작품의 다양한 부분들 간의 비교를 통한 상대적인 크기 관계를 말한다. 비율은 또한 사용되는 소재의 양이나 줄기의 길이를 포함한 것이다.

- 꽃의 크기와 수량, 길이, 잎소재, 액세서리들은 화기의 크기와 컬러의 선택에 영향을 비친다. 그 반대 역시 마찬가지이다. 이는 처음에 어느 쪽을 먼저 선택하느냐에 따라 달라진다.

- 작품에 있어서 소재의 크기와 양은 반드시 상호 비율을 맞추어야 한다. 크거나 무겁게 보이는 소재들이 작거나 가벼운 소재들과 결합할 때에 큰 소재들보다는 작은 소재들이 더 많아야 한다. 마찬가지로, 어두운 컬러보다는 밝은 컬러가, 따뜻한 컬러보다는 차가운 컬러가 더욱 많아야 한다.

- 흔히 권장되는 꽃 소재들의 비율은 작고, 가볍고, 시원한 색을 가진 소재들을 65%, 중간 느낌 정도의 크기와 무게, 컬러를 가진 소재들을 25%, 크고 무겁고, 어둡거나 따뜻한 색을 가진 소재들을 10% 정도 사용하는 것이다.

- 일반적으로 권장되는 화기 대비 꽃의 높이 비율은 똑바로 세운 화기의 1과1/2- 2배이고, 얕은 화기에 있어서는 화기의 가로 폭의 1과1/2- 2배이다.

이런 원통형 화기의 연장된 높이 때문에 완벽한 비율을 얻기 위해서는 커다란 매스 꽃들이 필요하다. 백합과 튤립, 칼라, 히아신스, 아이슬랜드포피, 오니소갈럼이 풍성하게 모여 강한 존재감을 드러낸다. 화기와의 관계 속에서 필요한 꽃의 크기와 수량, 길이 등을 충족시켰다.

PRINCIPLES

완벽하고, 만족스러운 비율
PERFECT, PLEASING PROPORTIONS

비율에 영향을 끼치는 많은 변수에도 불구하고, 대부분의 경험 많은 플라워 디자이너들은 좋은 비율을 감지할 수 있다. 거의 직관적으로, 디자이너는 자연스럽게 발생되는 황금 비율 또는 황금 분할을 활용하고 있다.

- 황금 비율은 1:1.618(대략 3:5정도)이며, 이 비율은 고대 그리스 시대 이래로 예술과 건축, 인간의 형태에서 가장 미적으로 만족스러운 비율로 여겨져 왔다.

- 황금 비율은 각 숫자가 선행하는 두 숫자의 합과 같아지는 수의 배열인 피보나치 배열(수열)에도 나타나는데(1, 1, 2, 3, 5, 8, 13, 21, 34, 55 등등) 이 수열에서는 어떠한 연속하는 두 수도 대략 1에서 1.618의 비율을 가지고 있다.

- 피보나치 배열에서 3:5, 5:8, 8:13… 의 비율은 매우 훌륭하다. 예를 들어 플라워디자인에서 5인치 높이의 꽃병은 꽃병 위에서부터 가장 키가 큰 꽃이 8인치 올라와서 합친 높이가 13인치가 되는 구성을 가질 때 가장 이상적이다. 또한 작품에서 장미는 가장 크고 가장 잘 보이기 때문에 가장 적은 양의 비율로, 그리고 미니 카네이션은 가장 작고 단순한 형태이기에 가장 많은 양의 비율로 하며 장미 3송이, 데이지 5송이, 그리고 미니 카네이션 8송이를 포함하도록 비율을 정할 수 있다.

스케일
SCALE

비율과 가장 가깝게 관련이 있는 것은 스케일(규모)이다. 비율이 작품에서 소재들 사이의 크기 관계를 말하는 것이라면, 스케일은 작품과 그 작품의 환경(장소) 사이의 크기 관계를 말하는 것이다.

- 특정한 장소를 위한 작품의 적당한 크기를 결정하는 요소는 단지 진열되는 작품뿐 아니라 진열되는 방의 크기도 해당된다. 대부분의 경우 상식은 합리적인 가이드이다. 지나치게 크거나 너무 작은 것이 아니라면 디자이너들은 스케일을 결정하는 것에 상당한 자유를 가지고 있으며 작품이 현장을 지배하게 하거나 부드럽게 섞이게 할 수도 있다.

물을 머금고 수직으로 세워진 사각의 플로랄 폼에 강렬한 빨간 카네이션과 황백색의 낙상홍 열매, 두 가지 톤의 잎 소재를 사용하여 사각 토피어리처럼 생긴 홀리데이용 작품을 만들었다.

PRINCIPLES

RHYTHM

플라워디자인에서 율동감은 꽃이나 소재, 형태, 선, 질감, 공간 등을 정교하게 배열하거나 사용하여 만들어낸 시각적인 흐름이나 움직임이다. 이렇게 하여 보는 이의 시선은 작품을 여기저기 샅샅이 둘러보게 되는데, 보통은 초점영역에서 가장 바깥쪽 끝으로, 그 다음에는 다시 초점영역으로 되돌아오게 한다. 율동감은 몇 가지 방법으로 얻어지는데 반복이나 방사, 평행, 변이, 반대로 배치함 등을 통해 가능하다.

반복
REPETITION

리듬이란 컬러의 반복에 의하여 가장 쉽고 효과적으로 만들어 진다. 종종 시선을 사로잡는 컬러는 작품의 초점영역에 놓고 적은 양의 같은 컬러를 사용하여 시선을 바깥쪽으로 유도한다.

- 비슷한 질감들을 만들어내고 율동감을 만들기 위해서 같은 형태와 유형의 꽃들을 반복해서 사용하는 것은 컬러의 반복 다음으로 쉽고 효과적인 방법이다.

- 리듬을 만들기 위해 유사한 선을 반복적으로 사용할 때, 굽은 선은 흐름을 가장 잘 표현할 수 있으며 작품 내에서 시각적인 통로를 만드는데 효과적이다. 수평선은 눈의 움직임을 느리고 편안하게 하는 반면 수직선과 대각선은 작품의 초점영역에서 가장자리로 갔다 다시 돌아오는 시선의 움직임을 빠르게 만든다.

소용돌이치는 맥문동 잎이 장미와 거베라, 미니 칼라, 루카덴드론의 빨강 꽃 더미를 감싸고 율동감을 더해주었다. 놋쇠로 얇게 만든 철사로 소용돌이 효과를 반복해 주어서 악센트를 만들고 전체 구성에 리듬을 더 강화시켜주었다.

PRINCIPLES

방사
RADIATION

리듬이란 컬러의 반복에 의하여 가장 쉽고 효과적으로 만들어 진다. 종종 시선을 사로잡는 컬러는 작품의 초점영역에 놓고 적은 양의 같은 컬러를 사용하여 시선을 바깥쪽으로 유도한다.

- 화기에서 줄기가 뻗어나오는 방식은 작품의 구성에서 리듬에 기여한다. 좋은 리듬은 시선이 초점영역에서 시작하여 작품의 가장자리로 갔다가 다시 되돌아오게 하는 것이며 이것은 연속적으로 여러 차례 반복되기도 한다.

- 꽃이나 잎 소재가 줄기에 붙어있는 채로 작품의 중심부에서부터 뿜어져 나올 때 방사 혹은 방사 리듬이 만들어진다. 방사되는 줄기의 배치는 양치식물들이 자연스럽게 성장하는 방식과 닮았다.

평행성
PARALLELISM

리듬이란 컬러의 반복에 의하여 가장 쉽고 효과적으로 만들어 진다. 종종 시선을 사로잡는 컬러는 작품의 초점영역에 놓고 적은 양의 같은 컬러를 사용하여 시선을 바깥쪽으로 유도한다.

- 방사와는 대조적으로, 평행성 또는 평행 리듬(parallel rhythm)은 꽃이나 잎 소재의 줄기를 공통된 하나의 성장점이 없이 나란히(수직이나 수평으로, 또는 대각선으로) 배열함으로써 얻을 수 있다.

- 평행성은 모든 줄기들이 똑같은 공간을 가지고 가지런하게 배열되어 엄격하고 군인같은 느낌을 줄 수 있으며 자연스러운 휘어짐이나 각도를 통하여 화기에서 꽃들이 성장하는 듯하게 만들어 자연스럽게도 할 수 있다. 한 작품에서 방사와 평행성이 함께 사용될 때 '통합 줄기 배열'이라고 부른다.

- 현대적인 작품에서는 선을 의도적으로 교차하도록 배열하여 추상적인 줄기 배열을 만들기도 한다. 그러나 일반적인 법칙에서는 줄기가 서로 교차하면, 시선의 흐름이 가로 막혀 작품은 리듬이 부족하게 된다.

PRINCIPLES

전환
TRANSITION

- 컬러(어두움에서 밝음으로)나 질감(거침에서 매끄러움으로), 꽃의 크기(큰 것에서 작은 것으로), 꽃의 형태(특이하게 생긴 것에서 평범한 것으로), 꽃의 방향(전면을 향한 것에서 측면, 위, 또는 아래를 향한 것), 또는 간격(빽빽함에서 느슨한 것으로)에 있어서의 점진적인 변화는 다양하고 섬세한 리듬을 만든다. 시퀀싱이나 그레이딩(혹은 그러데이션)등의 용어들이 이러한 점진적이고 체계적인 변화의 연속을 설명하고 있다.

- 컬러로 말하자면 항상 그런 것은 아니지만 가장 어둡거나 가장 밝은 컬러는 그 색이 디자인의 바깥쪽으로 움직이는 것처럼 보이도록 초점영역에 위치시키고 채도가 약한 것들을 반복하여 사용하도록 한다.

- 작품에서 각 영역마다 극적으로 꽃의 색이 다르고 그 사이에 색의 변이 혹은 2차색(혹은 3차색의)의 연한 색상과 진한 색상, 어두운 색상들이 놓여있다면 보는 이의 시선은 초점영역에서 가장자리로 혹은 한쪽에서 다른 쪽으로 더욱 자연스럽게 움직이게 될 것이다.

미니 국화 한 쌍이 비율이 맞지 않게 키가 큰 화분에 심어져 있으며 이끼로 치장되어 있다. 자그마한 화분을 꾸며주기 위해서 맥문동 잎이 극적인 방식으로 꽃잎을 감싸고 있으며 작품에 소용돌이치는 율동감을 만들었다.

PRINCIPLES

- 작품의 초점영역과 주변 사이에 매끄러운 전환이 만들어질 때 꽃의 크기나 형태, 방향이 리듬을 제공한다.

- 꽃은 주로 중심에 가장 큰 것이 있고 가장자리에 가장 작은 것이 있다. 아이리스나 백합처럼 뚜렷하게 구별이 되는 형태의 꽃들은 초점영역이나 작품의 맨 위에 위치한다. 한 송이로 이루어진 꽃들은 개화된 정도에 따라서 형태가 다양한데 가장 좋은 전환을 만들기 위해 활짝 핀 꽃은 디자인의 중심에 위치시키고 꽃봉오리는 가장자리 쪽으로 위치시킨다.

- 꽃의 얼굴이 향하는 방향 또한 율동감에 기여하는데 초점영역에서 정면을 향하는 것에서 시작하여 가장자리와 거의 완전한 옆면, 또는 위쪽과 아래쪽 면으로의 매끄러운 변화를 통하여 이루어진다.

- 특정한 현대 디자인에서는 꽃의 크기나 형태, 그리고 향한 면에 있어서의 리드미컬한 전환의 규칙에 예외가 있는데, 가장 큰 꽃이 맨 위에 놓인다든지, 가장 독특한 꽃이 한 측면으로 치우친다든지, 또는 모든 꽃이 위를 향해 서 있다든지 등과 같이 표준이 바뀌어 적용되기도 한다.

- 초점영역에서는 각 소재들 사이의 간격이 좁다가 작품의 가장 자리로 갈수록 점차 넓어지는 것 또한 리듬을 만들어 내는 한 방법이다.

- 질감에 관해서 말하자면 전환은 매우 미묘하며 섬세하다. 그러므로 작품에 오직 하나의 색상만이 사용되었을 때 질감은 더욱 강조되고 뚜렷하며 강한 율동감이 만들어진다.

반대
OPPOSITION

- 작품에서 똑같은 컬러나 형태, 크기, 그리고 질감을 가진 꽃 소재들이 반대 지점에도 놓일 때, 초점영역은 강조된다. 정반대에 위치한 소재들은 보는 사람의 시선을 한 지점에서 초점영역을 통과하여 반대편 지점에 이르게 하고 그렇게 함으로써 움직임과 리듬을 만든다.

- 초점영역의 양쪽 편에 놓여 있는 소재들이 서로에게나 또는 작품의 중앙에 사용된 소재에 상당한 대조를 줄 때, 작품에 활력이 생기고 긴장감을 만들게 된다. 반대되는 요소들 사이에서 보는 이의 시선의 밀고 당김은 리듬을 강화시켜준다.

PRINCIPLES

거미줄처럼 디자인된 맥문동이 활기 넘치는 튤립 다발을 둘러싸서 작품의 둘레와 사이사이에 역동적인 흐름을 만들었다. 작품에서 밝은 색상의 주황색을 반복적으로 사용하는 것 또한 율동적인 효과를 만드는데 기여한다.

PRINCIPLES

통일성

UNITY

통일성은 조화와 밀접한 관련이 있는데 개별적 소재들이나 요소들 간의 관계를 말하는 것이며 그 관계는 하나의 총체적인 효과를 만들어야만 한다. 그것은 한 가지 목적과 생각, 스타일, 정신이다.

삼림지대의 정취를 표현한 이 작품은 서양톱풀과 카네이션, 백합, 부들, 호밀로 둥근 리스용 플로랄 폼에 디자인되어 통일성의 원리 그 중에서도 수평으로 놓인 리스와 수직으로 위치된 꽃들 사이에서 필수적인 전환(transition)을 잘 보여주는 전형적인 예다. 매끄러운 전환을 위하여 서양톱풀 같은 일부 리스 소재들은 플로랄 폼 위로 약간 높여놓았고 백합, 호밀같은 수직으로 된 소재들은 짧게 만들어서 리스로부터 키가 큰 소재들까지의 움직임을 자연스럽고 부드럽게 만들었다.

PRINCIPLES

통일성 만들기
ACHIEVING UNITY

플라워디자인에서 통일성은 디자인의 모든 원리들과 요소들이 잘 표현되고 실행될 때 달성될 수 있다. 강한 통일성은 다음 세 가지 율동의 원리들이 능숙하게 적용될 때 잘 드러난다.

- 반복 : 컬러나 질감, 꽃의 형태, 모양, 크기, 또는 디자인 전체에서 선의 각도 등과 같은 요소들의 반복.

- 전환 : 계속적인 시선의 이동을 만들어 내기 위하여 작품의 한 요소나 한 부분에서 다른 요소나 다른 부분으로의 점진적 변화를 제공함.

- 근접 : 화기 내에서 꽃과 잎 소재들을 상대적으로 가깝게 결합시킴.

중요한 점은 재료들을 지나치게 많이 섞는 것은 재미 없거나 단조로울 수 있다는 것이다. 컬러를 반복할 때는 같은 색의 다른 명암과 채도를 사용하고, 형태를 반복할 때는 각각 다른 크기의 재료들을 사용한다. 또한 비슷한 형태의 꽃을 사용할 때는 각각 다른 색의 꽃을 사용해야 한다.

통합된 전체(통일체)
A UNIFIED WHOLE

통일성의 중요한 점은 전체의 구성이 개별 부분들보다 우선시 되어야 하는 것이다. 디자이너는 반드시 한 작품을 각 부분들의 결합체로 볼 것이 아니라 단일의 통합된 구성단위로 보아야 한다.

디자인의 요소
ELEMENTS

컬러	82
형태	94
선	98
공간	102
질감	104

ELEMENTS

COLOR

플라워디자인의 모든 요소 중에서 컬러는 의심할 여지 없이 보는 사람의 즉각적인 관심을 끌고 강한 반응을 일으키게 하는 요소이다. 컬러의 선호도는 개인마다 엄청나게 다르기 때문에 디자이너들은 폭넓게 색을 혼합하여 매력적인 조합을 만들어낼 수 있어야 한다. 이렇게 하기 위하여 반드시 컬러의 기본을 이해하고 있어야만 한다.

컬러 용어들   COLOR TERMS

- 일반적인 12색 컬러휠은 다음 세 그룹의 컬러로 이뤄져있다. 1차색과 2차색, 3차색(혹은 중간색).

- 1차색(The primary colors)인 빨강, 노랑, 파랑은 다른 모든 색상을 만들어 내는 가장 기본 색상이다. 이 색상은 서로간의 조합이나 검정색과 흰색을 섞어서 다른 모든 색을 만들 수 있지만 다른 어떤 색상에서도 만들어 질 수 없다.

- 2차색(The secondary colors)인 오렌지, 녹색, 보라색은 두 개의 1차색을 같은 양으로 혼합했을 때 만들어지는 색이다. 예를 들어, 빨강+노랑=오렌지, 노랑+파랑=녹색, 파랑+빨강=보라색 이다.

- 3차색 혹은 중간색(Tertiary or intermediate)은 이중의 이름을 가진 색으로 하나의 1차색과 2차색이 서로 같은 양으로 혹은 서로 다른 양으로 혼합되어 만들어진다. 붉은 오렌지(red-orange)와 연두색(yellow-green), 남보라(blue-violet) 등이 있다.

- 중성색(Neutrals)은 본래 색이 아니며, 백색(white)이나 회색(gray), 그리고 검은색(black)을 말한다.

ELEMENTS

12색 컬러휠(12색상환)은 일차색과 이차색 삼차색의 세 그룹으로 구성되었다. 또한 각 색상(Hue)의 연한 색상(Tint)과 진한 색상(Tone), 어두운 색상(Shade)도 표시되어있다. 따뜻한 색(빨강에서 연두색까지의 모든 색상)이 컬러휠의 절반을 구성하고 차가운 색(녹색에서 붉은 보라까지)이 나머지 절반을 차지한다.

일차색 Primary

이차색 Secondary

중성색 Neutral

따뜻한 가을 색상의 장미들이 행복함이나 쾌활함 같은 따뜻한 감정들을 반영하고 있는데 이런 색은 **진출색***으로 알려져 있다.
*진출색 : 앞쪽으로 두드러지게 나타나 보이는 색. 빨강, 노랑, 주홍 따위로 명도와 채도가 높고 따뜻한 느낌이 든다.

- **색상(Hue)**은 우리가 일상의 생활에서 말하는 컬러(color, 색)라는 단어와 서로 바꿔서 사용할 수 있는 용어이다. 색상은 흰색이나 회색, 검정이 섞이지 않은 순수한 색을 말한다.

- **연한 색상(Tint)**은 순수한 색상에 흰색이 더해진 것을 부를 때 사용하는 용어다. 핑크는 순수한 색상 빨강의 연한 색상이다.

- **어두운 색상(Shade)**은 순수한 색상에 검은색이 더해진 것을 부를 때 사용하는 용어다. 진홍색은 순수한 색상 빨강의 어두운 색상이다.

- **진한 색상(Tone)**은 순수한 색상에 회색이 더해진 것을 부를 때 사용하는 용어다. 흔히 장식적인 색조들은 연한 색상이나 순수한 색상에 회색을 더함으로써 만들어진다. 예를 들어 연핑크(dusty rose, 더스티 로즈)는 핑크(빨강의 연한색상)에 회색을 더해서 만들고 담자색은 핑크빛을 띤 연보라(붉은보라의 연한색상)에 회색을 더해서 만든다. 엷은 청색(웨지우드)이나 검은 회색이 도는 청색(슬레이트 블루)은 밝은 청색(담청색)에 다양한 양의 회색을 더해서 만든다.

- **명도(Value)**는 하나의 색상(color)의 밝음과 어두움의 정도를 표현하는 말로 흰색과 회색, 검정의 양이 얼마나 많이 섞여있는지에 따라서 결정된다.

- **채도(Chroma)** 혹은 **선명도(Intensity)**는 색상에 회색이 많이 섞여서 혹은 적게 섞여서 나타나는 밝음과 칙칙함을 나타내는 말이다. 채도는 한 색상의 강렬함과 선명함, 포화도, 순수함의 정도를 말한다. 예를 들어 높은 채도의 색상(강하게 포화된 색들)은 밝은 색이다. 채도가 낮은 색상(회색을 섞어 색조가 낮아진)은 더욱 칙칙하고 종종 가라앉은 색으로 간주된다.

아코니툼과 아가판투스, 초롱꽃(Campanulas), 프리지아로 만들어진 이 작품의 파랑과 보라의 구성은 한색* 혹은 후퇴색*의 차분함을 표현한다.

*한색 (寒色) : 차가운 느낌을 주는 색. 파란색 계통의 색.

*후퇴색: 더 멀리 있는 것처럼 보이는 색. 녹색, 청색 따위로 명도와 채도가 낮고 차가운 느낌이 든다.

색온도란 무엇인가?
WHAT'S THE TEMPERATURE?

색상환은 따뜻하다고 표현되거나 차갑다고 표현되는 쪽으로 나뉠 수 있다.

- 따뜻한 색(warm colors)은 빨강이나 오렌지, 노랑이며(색상환의 빨강에서부터 연두색까지의 모든 색) 이 색들은 햇빛이나 불을 연상시키기 때문에 그렇게 이름 지어졌다. 이런 색들은 행복함이나 즐거움과 같은 따뜻한 감정을 느끼게 한다. 따뜻한 색들은 여러 색이 섞여있는 작품에서 강한 에너지를 가지고 다른 색들 중에서 두드러져 보이고 중요한 특징이 되는 경향이 있다. 따뜻한 색은 작품에서 돌출되어 보이므로 진출색(advancing colors) 혹은 공격색(aggressive colors)이라고도 부른다.

- 차가운 색(cool colors)은 녹색이나 파랑, 보라색(색상환의 녹색에서 붉은보라까지의 모든 색상)이며 물의 차가움이나 하늘, 풀, 그리고 나무들을 연상시키게 한다. 또한 이 색들은 슬픔이나 우울한 감정들을 느끼게도 한다.
  차가운 색들은 고요하고 평온하며 또한 따뜻한 색들과 섞여있을 때 배경에 녹아져서 합류되려는 경향이 있다. 이러한 이유로 차가운 색을 후퇴색(receding colors)이라고 부른다.

붉은오렌지(red-orange)와 붉은보라(red-violet), 온전한 빨강 등 다양한 빨간색의 글로리오사와 장미, 라넌큘러스, 거베라, 카네이션, 로스힙으로 구성된 이 부케는 **단일색 조화**의 전형적인 예이며 이러한 색의 조합이 어떻게 강력한 영향을 만들 수 있는지 잘 보여준다.

ELEMENTS

기본적인 컬러 조화
BASIC COLOR HARMONIES

- 단일색 조화(Monochromatic)는 하나의 순수한 색상과 그 색상의 연한 색상이나 진한 색상, 어두운 색상이 조화를 이루는 것을 말한다. 예: 빨강과 핑크, 진홍색

- 유사색 조화(Analogous)는 색상환에서 90°의 각을 이루고 하나의 일차색과 그 인접한 색상들로 조화를 이룰 때(컬러휠 전체의 1/4 혹은 12색상환에서 3개의 색)를 말한다.
  예: 빨강과 붉은오렌지(다홍), 오렌지 혹은 빨강과 붉은오렌지(다홍), 붉은보라

- 등거리색 조화(Triadic)는 컬러휠에서 하나의 색(혹은 그 색의 연한 색상, 진한 색상, 어두운 색상)이 각각 등거리(같은 거리)를 유지할 때를 말한다. 이것은 세 개의 1차색 혹은 세 개의 2차색, 세 개의 3차색일 수도 있다.
  예: 빨강과 노랑, 파랑, 복숭아색과 민트그린(회색을 띤 녹색), 연보라색

- 보색 조화(Complementary)는 컬러휠에서 서로 직선상으로 맞은편에 놓여 있는 2개의 색상(그리고 그 색의 연한 색상, 진한 색상, 어두운 색상)이 조화를 이루는 것을 말한다. 하나의 색상은 1차색이고 다른 하나는 2차색, 혹은 두 개 모두 3차색일 수도 있다. 예: 오렌지와 파랑, 연두색과 붉은보라

- 인접 보색 조화(Split Complementary)는 하나의 색상과 그 정반대에 있는 색상(보색)의 좌우로 인접한 두개의 색(혹은 그 색의 연한 색상, 진한 색상, 어두운 색상)이 조화를 이룰 때를 말한다.
  예: 노랑과 남보라, 붉은보라

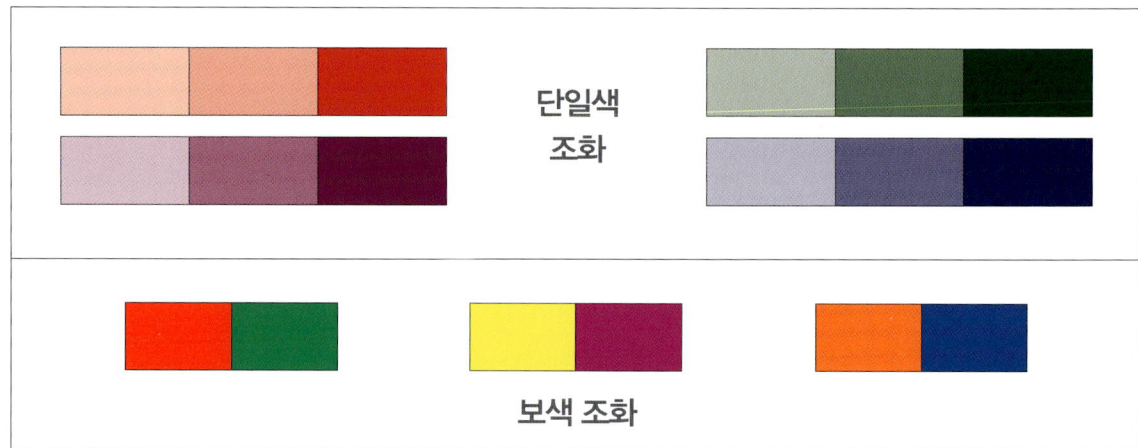

ELEMENTS

고급 컬러 조화
ADVANCED COLOR HARMONIES

- 다색(多色) 조화(Polychromatic)는 색채의 어떠한 조합이라도 서로 조화를 이룰 때를 말한다. 다색(multicolored) 조화.

- 무채색 조화(Achromatic)는 중성색들 간의 조화를 말한다. 즉 검은색이나 회색 그리고 흰색 간의 조화이다.

- 4색 조화(Tetradic)는 컬러휠에서 4개의 색상(혹은 그 색들의 연한 색상, 진한 색상, 어두운 색상)이 같은 양으로 분포되어 조화를 이룰 때를 말한다. 이러한 조화는 항상 한 개의 1차색과 한 개의 2차색 그리고 두 개의 3차색으로 구성 되어 있다. 예: 빨강과 주황, 녹색, 남보라

- 2색 조화(Diadic)는 색상환에서 따로 떨어진 두 색 간의 조화를 말한다. 예: 빨강과 노랑오렌지의 조화

- 교차 보색(Alternate Complementary)는 하나의 등거리색 조화와 그 세 가지 색 중에서 하나의 색과 보색관계를 이루는 색들 간의 조화이다. 예: 빨강과 노랑, 파랑의 조화와 여기에 그 색들의 보색인 녹색이나 보라, 오렌지가 조화를 이룰 때

- 완전 보색(Full Complementary)은 하나의 색상과 그 색의 직접 보색으로 그 보색의 인접한 두 색상이 조화를 이루는 것을 말한다. 예: 노랑과 보라, 남보라, 붉은보라가 조화를 이룰 때

- 인접 보색(Near Complementary)은 하나의 색상(hue)과 그 색의 직접 보색에 인접한 두 색상 중의 하나와 조화를 이룰 때이다. 예: 노랑과 남보라(blue-violet) 혹은 붉은보라(red-violet)의 조화

- 유사 보색(Analogous Complementary)은 유사색 조화와 그 유사색 조화의 가운데 있는 색과 직접 보색이 조화를 이루는 것이다. 예: 빨강과 다홍(red-orange), 오렌지, 청록의 조화

- 이중 보색(Double Complementary)은 두 쌍의 보색조화가 함께 사용되어 조화를 이룰 때를 말한다. 컬러휠에서 인접한 색일 수도 있고 그렇지 않을 수도 있다. 예: 노랑과 보라, 연두, 붉은보라 혹은 노랑과 보라, 다홍, 청록

- 이중 인접 보색(Double Split Complementary)은 한 쌍의 보색조화가 있으면 그 좌측과 우측 양 옆에 있는 두 쌍의 보색조화를 말한다. 예: 다홍과 청록, 붉은보라, 연두는 빨강과 녹색의 좌우에 인접한 색들이다.

사이사이에 아네모네가 섞여있는 다양한 톤의 라벤더와 풍성한 라일락으로 만든 이 작품엔 **유사색 조화**가 나타나 있다. 파스텔톤의 연보라색은 그 자체로도 아름답지만 부드러운 색상들과 결합하여 각각의 색에 강조를 주고 또한 장엄한 자주색을 더함으로써 잔잔한 작품을 대담하고 눈에 띄는 작품이 되도록 구성하였다.

색놀이
PLAYING WITH COLOR

가능한 색의 조합은 끝이 없이 많지만 어떤 작품에서든 매력적인 구성요소가 되기 위해서는 반드시 지켜야 하는 다음과 같은 명확한 가이드라인이 존재한다.

- 가장 이상적으로는 색들이 적합한 비율을 이루어 하나의 색이 지배적이면 다른 색들은 종속되는 색채 배합을 가지는 것이다. 가장 인기 있는 법칙은 지배적인 색상(dominant color)을 65%, 2차색(secondary color)을 25%, 강조색(accent color)을 10% 사용하는 것이다.

- 색들은 작품의 중심이나 기초에 가장 큰 시각적 무게(좀 더 어둡거나 높은 강도의 색)를 배치함으로써 균형을 이루도록 해야 한다. 가벼운 색은 작품의 가장자리 쪽으로 배치하도록 한다.

- 어두운 색을 작품의 가장자리에도 일부 배치하고 또한 가벼운 색들도 중심부 근처에 조금 배치하여 통일성을 얻을 수 있다. 또한 최소한 하나 이상의 꽃이 화기의 색과 같은 것으로 반복 사용되어서 화기의 색 역시 꽃들과 통일성을 이루도록 해야 한다.

- 조명이 작품에 사용한 색에 미치는 효과를 고려해야 한다. 약한 조명 아래에서는 꽃의 색이 매우 가라앉을(부드러워질) 것이다. 예를 들어 촛불 아래서는 옅은 핑크(light pink)로 보이게 하려면 그보다는 더 밝은 핑크(bright pink)가 필요할 것이다. 흐릿한 조명에서는 차가운 색이거나 따뜻한 색이거나 어두운 색상들은 모두 사라져버리는(쇠약해지는) 경향이 있다는 것을 염두에 두고 디자인해야 한다.

- 선호하는 색은 지극히 개인적이라는 것을 기억하라. 사람들은 똑같은 색의 조합에 대하여 완전히 다른 반응을 보이곤 한다. 디자이너들은 언제나 고객의 색상 취향을 마음에 담고 작업을 해야 한다.

현대적 느낌의 이 작품에는 매끄러운 초록의 알리움 줄기들과 얼룩덜룩한 갈색의 헬레보루스 줄기들이 눈에 띄는 특징을 이루고 있다. 색상 조화는 **단일색 조화**이다. 이러한 색 조화는 **무채색 조화**로 간주되기도 하는데 그 이유는 플라워디자인에 있어서 줄기와 잎들의 녹색이나 갈색은 전체 조화 속에서 새롭게 추가되는 색이 아닌 중성색으로 간주되기 때문이다.

이 현대적 느낌의 작품에선 튤립의 초록색 줄기와 잎들이 확연히 눈에 띄는 특징이 있기 때문에 붉은 보라의 꽃잎과 연두색 줄기가 상호 보색 조화를 이뤘다고 볼 수 있다.

ELEMENTS

FORM

플라워디자인에서 형태(form)는 디자인 요소의 하나로써, 모양(shape)이라는 말과 같은 뜻을 갖는 용어이며 한 작품의 윤곽 혹은 입체적인 형태를 뜻한다. 이 용어는 또한 꽃이나 잎, 화기의 모양을 뜻하기도 한다.

균형 잡힌 한쌍
A SHAPELY PAIR

플라워디자인의 형태는 대칭적이거나 비대칭적일 수 있으며 한쪽만 혹은 전체적으로 둥글 수도 있다. 전통적인 웨스턴스타일(라인매스)의 플라워디자인은 기하학적인 모양에 기초를 두고 있다. 원형이나 삼각형 형태가 가장 일반적이다.

- 원형의 영향은 둥글거나 타원형, 초승달 형, 호가스 곡선 디자인에서 볼 수 있으며 삼각형 작품들은 대칭적이거나 비대칭적일 수 있다.

- 한 작품에서 플라워디자인의 형태는 꽃들의 부피와 빈 공간의 유무에 따라서 개방형 또는 폐쇄형으로 표현될 수 있다.

- 폐쇄형(closed-form) 디자인은 꽃 소재들로 밀집되어 있어서 그 윤곽이 완전히 혹은 거의 꽉 차게 보이는 것을 말한다. 비어있는 공간이 거의 없어서 디자인의 전체적인 인상은 꽉 차고 촘촘하다.

- 개방형(open-form) 디자인은 가볍고 경쾌하다. 아주 많은 음화적 공간(negative space)이 있어서 디자인의 윤곽은 완전하지 않은 듯 하며 특이한 기하학적 형상을 암시하고 있다.

필러 소재인 루스쿠스와 폼 소재인 나선형 솔방울로 둥근 토피어리를 만들었다.
둥그런 형태의 디자인은 직사각형 용기와 멋진 대조를 이루고 있다.

밀 두 다발이 금색 철사로 꽉 묶여서 맵시 있는 꽃의 조각품을 만들었다. 각각의 밀 다발이 빈공간이 없이 꽉 묶여있어서, 이런 구성들은 닫힌 형태로 간주된다.

ELEMENTS

형태 안의 형태
FORMS WITHIN FORMS

꽃과 잎들의 생김새는 4가지 뚜렷한 범주로 그룹화 할 수 있는데, 라인과 매스, 폼, 필러이다.

- 라인 소재(Line materials)는 그 자체가 분명하게 선이라는 모양의 특성을 가지고 있는 것이다. 대체적으로 키가 크고 가늘며 작품의 뼈대나 주된 선을 만드는데 도움을 준다. 리아트리스나 글라디올러스, 비연초, 금어초, 머틀 등은 일반적인 라인 소재들이다.

- 매스 소재(Mass materials)는 대체적으로 둥글고 꽉 차있으며, 흔히 한 줄기에 하나의 꽃만이 달려 있다. 많은 디자인 스타일에서 중점적으로 사용되며 작품에 볼륨을 주고 빈 공간을 채워주는데 사용된다. 장미나 카네이션, 과꽃, 수국 등이 매스플라워의 예가 된다.

- 필러 소재(Filler materials)는 하나의 줄기에 많은 양의 작은 꽃과 잎, 봉오리, 꼬투리가 달려있는 것이 특징이다. 빈 공간을 채워주는데 사용하며 디자이너가 작품에 통일감을 주기 위하여 꽃과 꽃 사이를 연결시키는데 사용한다. 안개꽃, 과꽃, 미역취 등이 인기있는 필러 소재들이다.

- 폼 소재(Form materials)는 독특하고 특유한 생김새를 가진 꽃과 잎 소재들이다. 이 소재는 일반적으로 다른 세 타입보다도 더욱 주의를 끌고 작품의 초점영역에 있는 것이 특징이다. 아이리스나 서양란, 극락조화, 몬스테리아 잎 등이 폼 소재들의 예이다.

ELEMENTS

LINE

디자인의 근본적인 요소인 선(line)은 작품을 바라볼 때 보는 이의 시선이 어디로 향해야 하는지 시각적 경로를 제공한다. 또한 선은 작품에서 구조상의 뼈대와 형태를 만든다.

플라워디자인에서 선은 소재의 배치로써 만들어지는데, 라인 플라워나 잎 소재(가지나 줄기, 넝쿨) 혹은 꽃과 잎들이 크기별로 작은 것에서 큰 것으로, 봉오리에서 활짝 핀 것으로의 진행을 통하여 만들어진다.

선에는 5가지 주요 형태가 있는데 이는 수직선과 수평선, 사선, 곡선, 지그재그선이며 각 선들은 고정되거나 동적일 수 있다. 각 선들은 서로 다른 분위기와 감정들을 표현해낼 수 있다. 작품에서 긴장감과 흥미를 유발하기 위해서는 주로 두 가지 이상의 선들이 결합한다.

수직선 VERTICAL LINES

작품에서 남성적인 선으로 여겨지는 수직선은 플라워디자인에서 가장 강한 선이다. 수직선들은 높이를 만들고 강함과 활력을 연상하게 하며 형식적이고 위엄 있는 느낌을 준다.

수평선 HORIZONTAL LINES

수평선은 폭(보통 화기의 표면 부위에서)을 만들고 작품에 안정감을 준다. 수평선은 여유, 평화, 평온, 수동, 여성적인 것으로 간주된다.

사선 DIAGONAL LINES

사선은 움직임과 역동적인 에너지, 흥분됨을 연상시키는데 작품에 인상적인 느낌과 힘을 더 해준다.

아이리스와 거베라, 수선화가 강력한 수직선과 곡선의 형태로 배치되었다. 움직임을 표현하기 위하여 자작나무 줄기 몇 개로 사선을 만들어 인상적인 느낌과 시각적인 재미를 더해주었다.

ELEMENTS

지그재그선 ZIGZAG LINES

지그재그선은 작품에서 감지하기 힘든 미묘한 선이거나 혹은 두드러지는 선일 수도 있다. 미묘한 형태의 지그재그선은 꽃을 앞, 뒤로 차례로 배치하고 맨 위의 작은 꽃에서 아래쪽의 큰 꽃으로 향하게 함으로써 만들어질 수 있고 단순한 중앙 수직선처럼 보일 수도 있다.

- 흔히 사용되지는 않지만 더 두드러지는 형태로서의 지그재그선은 혀를 날름거리는 것처럼 전후로 움직이거나 작품의 중심부분을 뾰족한 각으로 관통한다. 명확한 지그재그선은 사선과 비슷하게 역동적인 에너지를 일으키기 때문에 제한적으로 사용해야 한다.

고정된 혹은 동적인 STATIC OR DYNAMIC

- 직선과 수평선은 고정된 선으로 간주되며 예상치 못한 운동이나 시각적인 에너지, 활력이 부족하다는 특징을 가지고 있다. 수직선과 수평선은 과장해서 표현하지 않는 한 획일적이고 정지한 듯이 보인다.

- 곡선이나 사선, 지그재그선은 동적인 선으로 간주된다. 고정된 선들과는 반대이며 작품에 운동과 에너지 그리고 활기를 준다.

- 작품에서 정적인 선과 동적인 선이 한 디자인에 섞여 있을 때(수직선과 사선이 교차되는 것과 같이), 반대적인 속성의 선은 시각적 흥미를 고조시킨다.

- 현대적인 디자인에서는 관심영역 간의 연결을 만들기 위하여 쌍방향 선이 사용된다. 이러한 선들은 주로 곡선이거나 지그재그선이다. 양쪽 방향으로 된 곡선은 실유카나 곱슬곱슬한 버드나무처럼 유연한(잘 휘어지는) 소재들로 만들어진다. 지그재그 쌍방향선은 속새나 갯버들처럼 철사를 감아서 뾰족한 각을 만들 수 있는 직선 소재들을 이용하거나 뾰족한 각을 만들기 위해서 구부릴 수 있는 갯버들을 이용한다. 새로운 선을 만들기 위해서 철사를 감아서 구부릴 수 있는 꽃과 잎 소재를 이용할 수도 있다. 무작위로 십자형으로 교차하는 쌍방향 선들은 디자인에 비형식적이며 유쾌한 분위기를 제공한다.

ELEMENTS

곡선   CURVED LINES

곡선 또한 운동감을 주지만, 사선보다는 더 온화하고 부드럽게 그리고 편안한 방법으로 운동감을 만든다. 곡선은 보는 이의 시선이 작품 전체로 부드럽게 움직이게 하며, 특히 다른 형태의 선과 결합하여 작품에 재미를 더한다.

키 큰 토피어리를 만들기 위해서 꽃 바로 아랫부분이 묶인 네리네의 강력한 **수직선**들이 완벽한 색 조화를 이룬 플라스틱 색실 띠에 의해서 드라마틱하게 강조되었다. 강한 수직선들은 전체의 구성에 형식적인 느낌을 만들어내지만 재미있고 멋진 화기와 다채로운 컬러의 리본이 그에 적절하게 어울리는 활발하고 비형식적인 느낌을 만들어 준다.

ELEMENTS

SPACE

플라워디자인의 한 요소로서, 공간이라는 용어는 작품 내에서 소재들이 점유하고 있는 영역뿐 아니라 소재들 사이 혹은 그 주변까지 포함하는 입체적인(3차원적인) 영역을 말한다. 플라워디자인에서 인정되는 공간의 유형은 세 가지가 있는데, 양화적 공간(positive space, 채워져 있는 공간), 음화적 공간(negative space, 여백) 그리고 빈 공간(voids)이다.

공간 탐사 SPACE PROBED

- 양화적 공간(Positive space)은 구성 내에서 꽃이나 잎, 기타 소재들로 점유되어 있는 영역이다. 한 작품에서 꽃 하나가 특정 공간을 차지하고 있다면 그 곳을 양화적 공간이라고 부른다. 마찬가지로 하나의 꽃꽂이 작품은 어떤 방 안의 특정한 지역(긍정적 공간)을 점유하고 있는 것이다.

- 음화적 공간(Negative space)은 소재들 사이의 비어 있거나 열려 있는 – 소재가 없는 – 지역이다. 비어 있는 영역은 긍정적인 공간을 점유하고 있는 소재들을 더욱 중요하고 흥미롭게 만들고 또한 어떤 디자인에 독특함을 더해주기 때문에 음화적 공간은 양화적 공간만큼 중요하다. 꽃소재들 사이에 음화적 공간이 없는 디자인은 혼잡하고 빽빽하게 보여 진다.

- 빈 공간(Voids)은 때때로 연결하는 공간이라 불리기도 한다. 공백은 주로 줄기 위에 있는 잎과 꽃 사이의 넓은 빈 공간이다. 안스리움과 같이 자연스럽게 깨끗한 줄기나 혹은 잎이 모두 제거된 줄기 부위를 빈 공간이라는 용어로 부른다. 현대 디자인 스타일에서 가장 자주 사용되는 공백은 하나의 양화적 공간의 영역을 다른 영역과 연결시킨다. 예를 들어 줄기 위에 있는 하나의 꽃을 그 줄기가 꽂혀있는 화기와 연결하는 것이다. 공백은 디자이너들이 작품에 임팩트와 극적인 효과를 만들 수 있도록 하며 양화적 공간, 음화적 공간 모두를 강화시켜준다.

ELEMENTS

여백 남기기 SPACING OUT

- 일반적으로, 소재들 사이의 공간(예를 들어, 양화적 공간 사이의 음화적 공간)은 리듬을 만들고 시선의 이동을 수월하게 하기 위하여 작품의 초점영역에서 바깥으로 갈수록 점차적으로 많아져야 한다.

- 소재들이 서로 간에 공간이 없거나 거의 없도록 배치된 영역(적은 음화적 공간과 많은 양화적 공간)은 보는 이의 시선을 끌어들이고 초점영역이 된다.

튤립과 글로리오사가 아름답고 독특하게 디자인되어 다방향 센터피스 혹은 뷔페테이블 용으로 디자인되었다. 꽃들을 드문드문 배치하여 만든 음화적 공간이 매력적인 꽃의 진가를 더 강화시켜준다.

ELEMENTS

TEXTURE

플라워디자인의 요소로서 **질감(texture)**은 소재(꽃, 잎, 화기, 액세서리 등)들의 표면의 질이나 특성이다. 질감은 거칠거나 매끄러울 수 있고, 부드럽거나 둔탁할 수 있으며 빛나거나 무딜 수 있다. 또한 물리적(만졌을 때 알 수 있는)이거나 시각적(눈으로 보아서 알 수 있는), 또는 그 두 가지 다일 수 있다.

질감의 결합
COMBINING TEXTURES

- 작품을 디자인할 때, 다양한 질감을 성공적으로 조합하면 작품에 시각적 흥미를 더하게 된다. 그러나 너무 많은 질감을 사용하거나 극단적으로 다른 질감을 조합하게 되면 주의를 잃게 된다. 즉, 반드시 균형이 있어야 한다.

- 유사한 질감을 주는 소재를 결합하면 편안하고 즐거운 조화와 통일성을 만드는 한편, 대조적인 질감을 주는 소재들을 조합하면 시각적 흥미를 높여주는데 주로 현대적이고 대담한 디자인에서 사용된다.

- 전통적인 플라워디자인에서는 질감을 조합할 때, 굵거나 거친 질감의 소재들은 초점영역이나 그 부근에 배치하는 것이 좋은 배치이며 반면에 고르고 부드러운 질감의 소재들은 초점영역으로부터 멀리 떨어지게 하는 것이 좋은 배치이다.

ELEMENTS

- 가시로 뒤덮인 부드러운 장미나 밝게 빛나는 불염포(spathe 잎처럼 생긴 부위)와 윤기 없고 울퉁불퉁한 육수화서(spadix 꽃처럼 길쭉하게 생긴 부위)를 가진 안스리움처럼 어떤 소재들은 하나 이상의 질감을 동시에 가지고 있다. 함께 결합하는 다른 소재들의 질감에 따라서 소재들의 질감 효과는 카멜레온과도 같다. 예를 들어 줄고사리가 코르딜리네나 몬스테리아 잎과 결합하면 오히려 부드럽게 보일 것이며 안개꽃이나 아스파라거스와 결합하면 거칠게 보일 것이다. 다른 소재들과 섞일 때는 한 소재의 효과뿐 아니라 다른 모든 소재들의 질감이 함께 고려되어야 한다.

이 키 큰 철사바구니에 장식한 홀리데이 홈 장식에서는 부드럽고 빛나는 것에서부터 거칠고 둔탁한 범위까지 다양한 질감의 혼합이 이뤄져 흘러넘치고 있다. 천으로 만든 장미의 한쪽에는 부드럽고 반짝이는 장식물을 위치시키고 다른 편에는 거칠고 많은 면을 가진 모조 열매와 맨드라미, 프리저브드 처리된 줄맨드라미를 배치하여 질감의 대조가 매우 효과적이다. 장미는 더욱 두드러져 보이고 벨벳 느낌의 꽃잎은 더욱 호화롭게 보인다.

이 창의적인 작품에서는 투명한 유리 실린더 안에 다양한 질감을 보여준다. 비슷한 질감을 가진 소재들이 한 곳에 모여 있을 때는 편안한 통일성을 만들어내기 때문에 다른 소재, 특히 질감이 대조적인 다른 소재들의 배경 역할을 할 수 있다.

ELEMENTS

기타 고려사항
OTHER CONSIDERATIONS

- 대조되거나 현란한 색채 배합으로 인하여 모호해지지 않기 때문에, 질감의 영향력은 단일색 조화를 이룬 작품에서 더 크게 나타난다. 마찬가지로 평범한 색채 배합은 다양한 질감을 사용함으로써 더욱 흥미롭게 만들어진다.

- 윤기 있는 세라믹이나 광택이 나는 은제 화기, 아스틸베, 장미와 같이 부드럽거나 빛나고, 고르고, 매끄러운 질감의 소재들은 작품에 공식적인 느낌을 부여한다. 오래된 그릇이나 이끼, 프로테아에서 볼 수 있는 거칠고 둔탁하거나 울퉁불퉁한 질감은 보통 격식을 차리지 않은 편안한 느낌을 준다.

- 질감은 작품에 성의 구분을 줄 수 있다. 즉, 부드럽거나 빛나고, 고르고, 매끄러운 질감은 여성의 느낌을 주며, 반면에 거칠고 둔하고 또는 굵은 질감은 보다 남성적인 느낌을 준다.

- 꽃과 잎들은 화기와 액세서리들의 질감을 염두에 두고 골라야 하며, 그로인해 바람직한 조화나 대조를 이룰 수 있다.

- 비록 질감이 항상 디자인의 중요한 요소일지라도 제단을 장식하거나 무대를 위한 작품의 경우처럼 먼 곳에서 보아야하는 작품에서는 덜 고려될 수 있다. 보는 사람이 작품에서 가까울수록 질감이 더 두드러져 보이고 질감의 조화가 더욱 중요하게 된다.

시대별 특성

PERIODS

식민지 시대　　110

영국 정원 시대　　114

플랑드르 양식 시대　　116

빅토리아 시대　　120

PERIODS

식민지 시대

AMERICAN COLONIAL

미국 식민지 시대는 시기적으로 대략 1700년에서 1780년 사이의 기간이며, 이 기간 중에 어떻게 꽃이 사용되고 디자인되었는지에 대한 자료는 거의 없다. 그러므로 이 시기에 사용 가능한 식물 재료들은 미국 정착민들이 영국에서 가져온 허브나 기타 식물들과 지역의 토착 나무들이나 관목, 야생화들로 추정하고 있다.

원칙들
PRINCIPLES

- 미국 식민지 시대의 디자인은 일반적으로 대칭적인 매스 디자인이며 형태적으로는 둥글거나 부채꼴 형태이다. 스타일은 격식을 차리지 않고 개방적이며 소박하다.

- 작품들의 제작방법은 다양한 소재들을 조합하였거나 단일한 소재를 필러와 함께 사용한 것으로 보인다.

- 종종 생화와 함께 드라이 소재들(꼬투리, 풀, 곡물 등)이 결합되어 사용되었다.

- 이런 스타일에 잘 어울리는 꽃으로는 장미, 카네이션, 데이지, 과꽃, 접시꽃, 루드베키아, 천일홍, 제라늄, 라일락, 금잔화, 작약, 야생당근, 금어초, 밀짚꽃, 스토크, 해바라기 등이 있다.

- 백합이나 튤립, 수선화, 히아신스, 알리움, 라넌큘러스와 같은 일부 구근 꽃들도 식민지 시대의 디자인에 적합하다.

뉴잉글랜드의 토종 식물로부터 선택된 잎 소재들과 마찬가지로 과일의 사용은 미국 식민지 시대 디자인의 전형적인 특징이었다. 여기에 과일과 잎 소재 두 요소가 아름답게 혼합되어 초기 미국 시대의 전형적인 예가 되고 있다.

- 미국 식민지 시대의 디자인에서는 야생화나 필러 꽃들이 중요하다. 특히 안개꽃과 스타티스, 솔리다고 등이 노박덩쿨, 부들, 초본류, 곡물류, 옻나무, 오리나무 등과 같은 여타의 식물 소재들과 함께 중요하게 사용되었다.

- 이것들에 더하여 열매류나 박, 견과류, 사과나 복숭아, 배, 체리, 자두와 같은 다른 과일들도 중요한 소재로 포함된다.

- 미국 식민지 시대에는 다양한 화기가 사용되었는데 이는 백랍 제조업이나 은세공업, 유리 그릇 제조업이 발달하고 무역이 늘어나면서 영국과 네델란드, 중국 등지에서 아름다운 자기제품들과 도자기들이 들어왔기 때문이다. 따라서 바구니를 포함하여 화기로 사용된 것에는 도자기나 토기, 사기그릇, 항아리, 물주전자, 냄비, 단지, 주전자 등이 있었으며 또한 중국과, 네델란드, 영국의 자기로 된 제품들에는 사발과 다섯손가락 모양의 꽃병, 직사각형의 벽돌 화기, 델프트 도기(네델란드의 델프오지그릇)로 만든 꽃병과 그릇들이 있었다.

부채꼴 형이며 퀸틀 혼(Quintal horns)으로도 알려진 다섯 손가락 화병은 미국 식민지 시기에 영국에서 일시적으로 대 유행이었으며 곧 초기 정착민들에 의해서 수입되었다. 다섯 손가락 화병은 후에 미국에서 직접 생산되어 정원에서 잘라온 것들로 채워졌다. 이 작품에는 가을을 느끼게 해주는 여러 소재들을 당시로부터 영감을 받은 화기에 부채꼴 형태로 가득 채웠다.

식민 시대 윌리엄스버그(미국 Virginia주 동남부에 있는 도시로 영국 식민지 시대의 주도(主都))식의 노즈게이를 만들기 위하여 말린 작약과 수국, 오스트레일리안 데이지가 진홍색 작약과 라임색 동결 건조된 박과 결합하였다. 진홍색 리본으로 악센트를 준 이 작품은 활짝 핀 바질과 함께 화병에 담겨있다.

PERIODS

영국 정원 시대

ENGLISH GARDEN

현재의 **영국식 정원(English-garden)** 디자인은 키친가든(kitchen gardens)이나 코티지 가든(cottage gardens, 오두막 정원), 커팅 가든(cuttings gardens)등의 다양한 이름으로 알려진 초기 영국의 정원에서 직접적인 영향을 받았다. 이러한 정원에는 꽃과 채소, 허브, 과일 나무들이 요리와 의료, 화장품 등을 얻기 위해 재배되었다. 유명한 20세기의 정원사와 플라워 디자이너 중에서 콘스탄스 스프레이(Constance Spray)와 거트루드 제킬(Gertrud Jekyll), 줄리아 클레멘트(Julia Clements)는 현대적인 영국 정원 스타일을 발전시킨 것으로 유명하다.

원칙들
PRINCIPLES

- 오늘날의 영국식 정원 디자인은 정원에서 나오는 꽃들을 혼합한 구조가 느슨하면서도 촘촘한 매스 디자인이다.

- 소재의 호환성이 중요한데, 사용되는 모든 꽃은 반드시 같은 계절에 피는 것들이며 자유로운 영국 오두막 정원의 추억을 불러일으킬 수 있어야 한다.

- 비연초(larkspurs)나 델피니움, 금어초, 접시꽃, 디기탈리스 같은 수상꽃차례를 가진(꽃자루가 없이 피는 꽃차례 Spike flowers) 꽃들이 좋은 예이다. 매스와 폼 플라워에는 장미와 모든 종류의 카네이션, 튤립, 아이리스, 금잔화, 스위트피, 제라늄, 스토크, 과꽃, 수레국화, 데이지, 백합, 양귀비, 라벤더, 다알리아, 라넌큘러스, 아네모네, 아가판서스 등이 있다.

전통적으로, 영국 정원 디자인은 정원이나 화단, 울타리에서 모아온 꽃과 잎 소재들이 섞여서 둥글거나 계란형으로 느슨하게 구성되었다. 튤립과 비부르눔, 맨드라미, 장미, 수국, 클레마티스 넝쿨 등이 혼합되어서 영국 정원 스타일의 현대작품을 만들었다.

- 잎이 거의 없는 플랑드르식 디자인과는 대조적으로, 영국식 정원 작품들은 관목(shrubs)이나 울타리를 표현하기 위해서 상록수나 목질 줄기가 있는 것, 잎이 무성한 소재들(화살나무, 돈나무, 동백나무, 머틀, 회양목, 월귤나무 등과 같은)도 사용하였으며 초본류들도 좋은 소재로 활용되었다.

- 영국의 오두막 정원에서 흔하게 볼 수 있는 작은 과일 나무들을 표현하기 위해서 계절에 맞는 꽃들과 열매 달린 가지들이 결합되어 디자인되기도 하였으며 아이비나 후쿠시아처럼 늘어지거나 길게 나부끼는 소재들도 첨가하기에 좋은 소재들이다.

- 영국식 정원 작품은 가장 흔히 원형이나 타원형이지만 수직적이고 수평적인 배치를 통하여 어느 정도 삼각형의 형태일 수도 있다.

- 역사적으로는 밝은 보색 조화가 사용되었으나 오늘날에는 단일색 조화나 유사색 조화 역시 적절하게 쓰인다.

PERIODS

플랑드르 양식 시대

FLEMISH

플랑드르 디자인(Flemish designs)은 15세기와 16세기 및 17세기 초기에 중세 플랑드르 지방(지금의 벨기에와 프랑스 그리고 네덜란드의 일부분)에서 꽃을 정물화 기법으로 그린 미술가들에 의하여 영감을 받아 생겨 났다. 꽃꽂이 작품을 그린 플랑드르 미술은 영국이나 네덜란드 상선이 새로운 지역들을 여행하며 가져다 준 아주 다양한 이국적인 꽃과 그 밖의 다른 식물 소재들을 묘사했다.

보통 가장 크고 중요한 꽃들은 작품의 맨 윗부분에 그려졌다. 플랑드르 디자인에 묘사된 많은 꽃들은 같은 시기에 피는 꽃들이 아니었으며 또한 같은 지역에 자라는 꽃들도 아니었다. 실제의 꽃을 모델로 하여 그렸다기 보다는 이전 연구의 결과에 의한 상상력으로 꽃꽂이 작품들이 그려졌다.

원칙들
PRINCIPLES

- 플랑드르 미술에 묘사된 매스 플라워 작품들은 거의 대부분 타원형에 기초를 두고 있다.

- 플랑드르 디자인은 꽃과 색상, 질감이 대단히 다양하다는 특징이 있다. 각 종들은 한두 개의 줄기만 사용되고 계절적이나 지리적인 양립 가능성은 완전히 무시되었다.

- 모든 꽃이 허용되기는 하였지만 플랑드르 미술에서 흔히 묘사되는 꽃은 튤립이나 장미, 작약, 백합, 금잔화, 아이리스, 스노우볼, 비부르눔, 프리틸라리아 등이다.

이 전통적인 플랑드르 작품의 맨 위에는 오렌지색 프리틸라리아 줄기들이 있다. 녹색의 비부르눔과 여러 잎 소재들이 함께 결합된 오렌지색 꽃들은 보라색 아이리스와 튤립, 실라 등과 함께 2차색의 등거리색 조화를 이뤘다. 붉은 장미들이 초점영역을 이루었고 아티초크가 플랑드르 스타일을 이루기 위해서 필요한 열매들을 채워주었다.

PERIODS

- 구근 꽃은 필수적으로 사용되었다. 열대성 꽃이나 야생화, 과일, 새둥지나 곤충, 파충류, 조개와 같은 액세서리들 역시 사용되었다. 여기다가 종종 플랑드르식 디자인이나 장치에는 자신들의 부유함을 표시하는 보석류나 호화로운 직물과 같은 물건들도 포함되었다.

- 잎 소재들은 제한적으로 사용되며, 단계별로 다양하게 피어있는 꽃들이 함께 사용되곤 하였다.

- 소재들의 배치는 완전히 무작위적인 것으로 보인다. 가장 큰 꽃이나 가장 가치 있는 꽃은 작품의 맨 위 근처나 바깥, 가장 눈에 띄는 곳에 배치되었다.

- 꽃은 모든 방향을 향하고 있으며, 심지어 뒤쪽도 향하고 있는데, 이는 플랑드르 화가들이 어떻게 줄기와 꽃들이 합쳐지고 어떤 꽃들은 얼마나 측면이 아름다운지 보여주기를 좋아했기 때문이다.

- 플랑드르 작품에서는 비록 흰색이나 엷은 분홍색, 다른 파스텔 계열의 색들이 비교와 대조를 위해서 사용되기도 하였지만 따뜻한 색상들(노랑이나 오렌지, 빨강)이 지배적인 특징을 이룬다. 플랑드르 디자인에는 반드시 파란색이 포함되었는데 특히 *델프트블루를 사용하였다. (*네덜란드의 델프트에서 17세기 이래로 만들어지는 흰 바탕에 청색 무늬를 넣어 만드는 '델프트 도기'에 사용된 파란색)

- 플랑드르 작품에서는 특히 깊이감이나 부피감을 만들어 내는 것이 중요하다. 꽃은 작품의 가장자리에서 폭포처럼 떨어지게 하거나 화기에 넘쳐흐르게 할 수 있다.

- 플랑드르 그림들은 소재들을 완전한 상태로 보여주지는 않는다. 꽃잎이나 잎에서 벌레나 구멍들을 찾을 수도 있다. 예술가들은 자연 상태에서는 볼 수 없는 온전한 상태의 꽃을 보여주려 하지 않았다.

- 이러한 디자인은 호화롭고 풍부한 모습을 가지고 있으며 비록 비공식적인 용도로 사용될 수는 있지만 공식적인 디자인으로 간주된다.

PERIODS

빅토리아 시대

VICTORIAN

1837년부터 1901년까지 영국을 통치하였던 빅토리아 여왕의 이름을 따서 붙인 빅토리아 시대는 꽃과 식물, 정원에 매우 열광하던 시기였다. 이 시기는 매우 엄격하고 관습적이며 고상한 반면에, 또한 호화롭고 과시적이며 분에 넘치는 과도한 시기였다.

이 시기에 영국의 상류사회가 그들의 부를 보여주기 위한 하나의 방법은 화려하고 과장되며, 이색적인 많은 양의 꽃을 사용한 꽃꽂이를 하는 것이었으며 교양 있는 여성들이나 그들의 딸들에 의해 매주 집안에서 행하여졌다.

제대로 된 빅토리아 시대의 여성들은 사교적인 모임에서 노즈게이와 터지머지 꽃다발을 들었으며 이것을 사랑의 징표로 연인들과 친구들 사이에서 서로 주고받았다.

은사 프린세스 바스켓에 아름다운 천으로 된 영국정원 장미와 라넌큘러스를 풍성하게 담아 쌓았다. 무성한 꽃들과 손잡이가 제거된 바구니, 여러 층으로 표현한 점 등이 빅토리아 시대의 영감을 받은 것이다.

원칙들
PRINCIPLES

- 현대의 빅토리아 디자인은 당시의 크고 가득찬 디자인에 비교할 때 다소 왜소하다. 오늘날 이 스타일은 다양한 꽃과 잎, 풀이 풍성하고 빽빽한 매스 디자인으로 그룹핑 된 것이 특징이다. 과일과 채소가 꽃과 함께 결합되었다.

- 빅토리아식 꽃꽂이는 방사형으로 끼워 넣는 것이 특징이며, 얼마간 둥근 지점이나 면이 있는 삼각형의 형태를 취할지라도 일반적으로는 둥글거나 타원형의 형태를 갖는다. 대체적으로 꽃의 높이는 용기 높이와 같거나 한배 반을 넘지 않았다.

- 원칙 중에서 사용되는 꽃의 유형은 매우 중요하다. 뻣뻣한 선을 가진 꽃을 포함시키기가 어려웠기 때문에 주로 매스와 폼, 필러 꽃만을 이용하여 작품을 만들었다. 그러나 꽃 형태의 다양성은 중요하다.

- 장미는 빅토리아 시대에 인기 있는 꽃으로 항상 필요한 꽃이었다. 기타 적절하게 선택되는 꽃에는 튤립이나 카네이션, 데이지, 차이나 에스더, 백합, 작약, 맨드라미, 프리지아, 다알리아, 금낭화, 후쿠시아, 안개꽃 등이 있다.

- 빅토리아 시대에는 거의 모든 꽃을 정원에서 잘라서 사용했기 때문에 꽃 소재들은 계절에 적합하도록 선택되야만 한다.

이전 시대의 화려한 작품들처럼, 인상적인 은제 이펀(epergne 식탁 중앙에 놓는 장식품으로 접시·과일·꽃 등을 얹어 둠) 속에 여러 층으로 디자인된 이 **빅토리아 시대** 장식은 백합과 수국, 리시안서스, 스타오브베들레헴, 테이블야자, 드라세나 같은 고급 꽃들이 분수처럼 생긴 작은 가지 꼭대기에서 뿜어져 나오는 것처럼 만들어졌다.

부드러운 파스텔 톤의 스프레이 장미와 일반 장미들이 알리움이나 넝쿨 자스민의 섬세한 그늘로 인해서 우아함이 강조되었다. 짜서 만든 고풍스런 행사용 바구니의 손잡이는 꽃이 핀 모과와 하르덴베르기아의 줄기다.

- 빅토리아 시대의 사람들은 화려한 색조의 꽃과 강한 컬러 대비를 선호했다. 따라서 오늘날 작품들은 단일색 조화나 유사색 조화도 가능하지만 주로 다양한 컬러를 조합하고 있다.

- 빽빽하게 디자인된 작품을 부드럽게 하기 위하여 많은 양의 잎 소재들이 함께 사용되었다. 특히 양치식물과 아이비가 많이 선택되었다.

- 화기는 빅토리아 디자인의 매력의 한 부분이며 전형적으로 화려하며 장식적인 스타일이었다. 화기들은 다양한 형태와 재료들로 만들어졌으며 이것들 중에는 유리 용기와 여러 종류의 중국 화병들, 항아리, 둥근 사발, 두 겹 혹은 세 겹의 이편, 스탠드 등이 있었다.

- 꽃꽂이(플라워 어렌지먼트)의 법칙이 정립된 시기는 바로 빅토리아 시기였다. 꽃꽂이가 강습되기 시작했으며 예술의 한 영역으로 인식되었다. 꽃꽂이에 관한 잡지와 책들이 빠르게 확산되었으며 교양 있는 젊은 여성들에게는 꽃꽂이와 터지머지 꽃다발 만드는 법을 배워야하는 것이 사회적으로 요구되었다. 대부분의 여성들은 최소한 매주 반나절 이상은 가정에서 꽃꽂이 하는 일에 몰두하였다.

디자인 테크닉

TECHNIQUES

베일링	126	레이싱	139
밴딩	128	레이어링	140
바인딩	128	미러링	141
번칭	130	파베	142
번들링	131	필로잉	143
클러스터링	132	시퀀싱	144
디테일링	133	쉘터링	145
페이싱	134	스태킹	146
프레이밍	135	테라싱	147
그룹핑	136	터프팅	148
핸드타잉	137	베일링	149
쿠바리	138	래핑	150
		조우닝	151

TECHNIQUES

베일링 (눌러묶기)   BALING

베일링이란 여러 디자인 스타일과 테크닉이 결합되고 발전된 것으로 각 소재들이 윤곽을 분명하게 정의할 수 있는 기하학적인 형태를 만들기 위하여(주로 원형이나 정사각형, 직사각형) 밀집되고 서로 뭉쳐진 것을 말한다. 이렇게 하여 만들어진 결과는 목재의 느낌과 자연스러움이다. 물리적으로 혹은 장식적으로 서로 묶을 수 있도록 철사나 끈(줄), 밧줄 등 사실상 모든 소재들을 사용할 수 있다.

헤더와 줄맨드라미, 열매류, 유칼립투스로 만든 이 뭉쳐진 작품은 우선 둥근 구조물을 만들기 위해 넝쿨과 줄기, 철사, 작은 리본들을 무작위로 감싸는 것에서부터 시작하였다. 그 다음 삼림지대와 같은 느낌을 만들기 위해서 생화 소재들을 그 속에 배치하였다.

잔가지로 만든 바닥부분이 제거된 새 둥지 세 개가 양초를 담고 있는 화기 위에 놓여있다. 새둥지로 감싸여진 화기들은 다시 사각 나무 화기 위에 놓여서 기하학적인 형태의 매혹적인 조합을 만들었다. **베일링** 테크닉으로 마무리한 새둥지는 잘 휘어지는 인조 넝쿨과 후추열매를 이용했다.

TECHNIQUES

밴딩 (띠동이기)   BANDING

밴딩은 하나 혹은 한 그룹의 줄기들의 한 곳 혹은 여러 곳을 라피아나 리본, 실, 털실, 철사, 컬러테이프 등을 이용하여 장식적으로 두르는 것이다. 엄격한 의미에서, 밴딩은 기능상의 목적은 없으며 장식으로서의 의미를 주는 것이지만 이것 역시 소재들을 물리적으로 묶는 것일 수도 있다. 화기들도 밴딩을 통하여 장식적으로 강조될 수 있다.

말린 호박과 월계수 잎으로 만든 갈런드(화환)가 세 가지 색의 밀을 띠동였다. 호박과 잎으로 만든 갈런드는 밀이 투명한 실린더 화기 안에 단단히 뭉쳐있기 때문에 구조적인 지지를 하지 않은 순전히 장식적인 것이다.

TECHNIQUES

바인딩 (묶기)

BINDING

바인딩이란 소재들을 물리적으로 서로 묶어서 단위나 다발로 만드는 과정이다. 바인딩의 주된 기능은 줄기들을 서로 잡거나 한곳에 두는 기능적인 것이지만 바인딩 역시 장식적인 것이 될 수도 있다. 바인딩을 위해 사용되는 소재로는 흔히 라피아나 플로리스트 노끈, 철사, 리본 등이지만 실유카와 같은 잎소재도 사용된다. 바인딩은 또한 실린더 화병과 같이 여러 개의 용기를 하나로 묶기 위해서도 사용된다.

라피아로 묶는 것은 아랫부분의 인조열매와 목련 잎으로 치장된 길고 매끈한 호밀다발의 줄기에 완벽하게 장식적인 악센트를 주지만 이것은 장식적인 것 이상의 목적이 있다. 라피아로 각 줄기들을 묶음으로 인해 다발이 됨과 동시에 토피어리처럼 생긴 디스플레이가 똑바로 설 수 있게 되었다.

번칭 (다발짓기)

BUNCHING

번칭은 한 작품에서 유사한 소재들의 다발을 집합적으로 단 한 번에 꽂음으로써 손이 덜 가게 하는 효율적인 배치 방법이다. 같은 소재의 여러 줄기들이 철사나 테이프, 다른 줄기 등에 의해서 한 군데 모이고, 묶이는 것이다. 이것은 대부분 작은 줄기들에 활용된다. 각 묶음(다발)들 내의 소재들은 하나의 포인트에서 사방으로 뻗는 모양을 가진다. 소재들의 여러 묶음이 서로 잇따라서 꽂힐 수 있다.

작업 효율성이 좋은 디자인으로, 갈대와 야자나무 잎, 야생 자두 가지들이 각각 다발로 집합되었고 각 다발들이 화기 안에 하나의 그룹으로 모였다. 이런 기법은 특히 줄기가 작은 소재들로 풍성한 작품을 만들 때 더욱 유용하다.

TECHNIQUES

번들링 (방사형 묶음)

BUNDLING

번들링은 밀 짚단처럼 다량의 소재를 한 지점에서 서로 단단히 묶어 그 지점의 위와 아래로 방사형 패턴을 만드는 디자인 기법이다. 이 기법은 생화나 조화, 드라이 소재 등에서 사용할 수 있다. 묶음(bundle)은 수직적으로, 수평적으로 모든 방향으로 사용할 수 있다.

가을 느낌이 나는 거베라와 장미로 이루어진 이 작품에서는 까락이 붙어있는 한 단의 밀 가운데를 묶음으로써 두개의 팬 형태의 악센트가 만들어졌고, 전체의 작품을 수평으로 연장시켜 주었다.

TECHNIQUES

클러스터링 (뭉치기)　　　　　　　　　　　　　　　　　CLUSTERING

클러스터링은 그룹핑의 한 방법으로 같은 소재들을 매우 가깝게 배치하여 각각의 소재들의 개별 특성과 수량을 구분할 수 없도록 하고 뭉쳐진 덩어리가 하나의 단위로써 기능하여 컬러와 질감을 강조하도록 하는 것이다. 이것은 소재들이 자기의 개별적 특성들을 유지하고 있는 그룹핑과는 다른 것이다.

최상의 효과를 위해서 드라이 된 혹은 프리저브드 된 스타플라워와 석류, 광택 입힌 꼬투리들이 다발 속에서 각각 무리를 지었으며 이렇게 하여 소재들의 컬러와 질감이 강조되었다.

TECHNIQUES

디테일링 (세부장식)

DETAILING

이 기법은 작품의 완성도를 높이기 위해서 혹은 강조를 주거나 구성상의 한 부분 혹은 여러 부분들에 재미를 더해주기 위해서 소재들을 정밀하게 배치하는 것을 중요한 요소로 한다.

이 구성에서는 다양한 꽃소재들이 선명한 줄을 만들기 위해서 정밀하게 배치되었다. 자세한 사항은 파베 스타일 참조

페이싱 (마주보기)   FACING

페이싱은 디자이너가 작품에 재미와 운동감을 증가시키고 강조와 통일감을 만들기 위해서 꽃의 머리를 특정한 방향으로 배치하는 기법이다. 한 꽃의 머리가 다른 꽃의 머리가 향하는 방향에 관련하는 방식은 디자인에 어떤 의미를 부여할 수 있도록 해준다. 예를 들어 두 개의 꽃이 서로 반대 방향을 향하고 있으면 거절의 의미를, 반면 한 곳을 향하고 있으면 수락이나 평등의 의미를 나타낼 수 있는 것이다.

에케베리아와 솟아오른 줄기의 필로덴드론 '제너두'를 담고 있는 이 두 작품은 서로 마주 대하듯이 보이는 두 개의 커다란 잎의 배치를 제외하곤 거의 똑같이 생겼다. 단지 잎을 서로 마주 보게 만듦으로써 인상적인 느낌이 만들어지고 표현이 역동적으로 되었다.

프레이밍 (테 두르기)   FRAMING

프레이밍은 한 쌍의(혹은 그 이상의) 같은 라인 소재들(꽃이나 잎이 달린 줄기, 가지)을 이용하여 에워싸거나 격리시키거나, 포함되게 하거나, 진열하거나 혹은 그 테두리 지역 안에 있는 다른 소재에 주의를 기울이도록 하기 위하여, 하나 혹은 그 이상의 면(방향)에 테두리를 주는 것이다.

플라워디자인에서 프레이밍에 사용된 소재들은 눈의 움직임을 조종하는데, 보는 이의 시선을 특정 지역으로 바로 이끈다. 소재들은 일반적으로 중앙에 위치한 소재들의 양 옆과 위쪽으로 연장되도록 하기 위해서 배치된다. 이것은 또한 작품의 크기를 더 크게 해준다. 한 작품 내에는 하나 이상의 프레임적인 요소가 있을 수 있다.

수국과 딥사쿠스, 케일을 담고 있는 긴 사각형의 플랜터 박스의 양쪽에서 여러 가닥의 휘어진 줄기들이 연장되어 테두리를 형성했으며 그 안에 있는 우아하게 단일색 조화를 이룬 작품에 시선을 집중시킨다.

TECHNIQUES

그룹핑 (무리짓기)　　　　　　　　　　　　　　　　　　　　　GROUPING

그룹핑은 플라워디자인에 있어서 비슷한 소재들을 함께 배치하는 것으로 그룹 내에서 각각의 소재들 사이의 공간을 좁게하여 각 소재들의 개별적인 특성이 여전히 나타날 수 있게 하는 것이다. 거의 항상 한 작품 내에는 하나 이상의 그룹이 있으며 각 그룹 간에는 공간이 있다.

디자인 내에서 온갖 타입의 소재들은 물방울처럼 흩어져 있는 것보다는 그룹을 이룰 때에 더욱 강력한 영향력을 가지게 된다. 그룹핑은 또한 모양이나 색상 그리고 질감을 강조함으로써 보는 이가 각각의 소재들을 더 높게 평가할 수 있도록 해준다.

칼라 줄기로 만든 뼈대가 거베라와 카네이션, 튤립, 칼라로 이루어진 작품을 지지하고 있다. 릴리 그라스로 만든 원형 고리로 악센트를 주었고 강한 영향력을 만들기 위해서 각 꽃들이 그룹을 이룬 현대적인 느낌의 작품이다.

TECHNIQUES

핸드타잉   HAND TYING

핸드타잉은 소재들이 한쪽 손에 쥐어져 있고 다른 손으로는 그 줄기들을 나선형의 사선으로 배치하며 꽃다발을 만드는 유럽식 방법이다. 줄기들은 모든 줄기들이 교차하는 지점에서 라피아나 왁스 입힌 끈, 리본, 기타 묶는 소재들을 이용하여 묶어준다. 꽃다발은 보통 둥글고 다발(mass)로 되어 있어 모든 면에서 똑같게 보인다. 때때로 이것은 유럽식 핸드타이드 부케 또는 네덜란드식 나선형 부케라 불린다.

한 손에 꽃을 쥐고 있는 동안에 다른 손으로 줄기들을 더하여 디자인되는 핸드타이드 부케는 유럽식 디자인의 주된 방법 중의 하나이다. 카네이션과 국화, 장미, 과꽃, 거베라, 금어초, 해바라기로 이뤄진 이 작품은 균형을 잡고 스스로의 줄기만으로 서있는데 이것은 잘 만든 핸드타이드 부케의 전형적인 특성이다.

TECHNIQUES

쿠바리

KUBARI

이케바나(kebana)의 나게이레(nageire) 스타일로 가장 흔히 사용되는 쿠바리는 작품 내에서 소재들을 지탱하기 위해서 화기 안에 나뭇가지나 잔가지의 곧은 부분과 휜 부분, 갈라진 부분을 배치하는 것이다. 쿠바리는 전통적인 디자인을 위해서 전형적으로 키가 큰 화기를 사용하고 더 나은 안정성을 주기 위해 다른 나뭇가지를 함께 사용하기도 한다.

글로리오사와 미니 칼라, 거베라, 프리지아, 하이페리쿰 열매를 포함하고 있는 이 환상적인 작품은 투명한 직사각형 화기 안에서 붉은 흰말채나뭇가지의 구조가 보이도록 디자인되었다. 줄기들로 만들어진 소용돌이치는 패턴은 꽃의 배열에서 다시 반복되었고 전체의 구성에서 꽃만큼 중요한 위치를 차지한다.

TECHNIQUES

레이싱 (격자 만들기)

LACING

레이싱은 꽃이 화병이나 기타 화기 내에서 제자리를 잡게 하기 위한 격자판(grid)이나 뼈대를 만들기 위하여 줄기들을 짜거나 교차시키는 하나의 방법이다. 이러한 방식은 또한 핸드타이드 부케를 만드는 데도 사용된다.

빨간색 라넌큘러스가 자리를 잡을 수 있도록 가볍고 연약한 양치식물의 질긴 줄기들이 뒤엉키고 짜여져 뼈대를 형성하였다. 뒤엉킨 뼈대는 위가 무거운 라넌큘러스 꽃들을 지지하고 작품이 모양을 유지하며 제자리에 있도록 붙들어준다.

TECHNIQUES

레이어링 (겹치기) LAYERING

레이어링은 잎이나 표면이 평평한 기타 소재들을 둘 사이에 틈이 거의 없도록 직접 겹쳐지는 방식으로 위에 얹어놓는 작업 과정을 말한다. 소재들은 하나씩 사용되거나 혹은 묶인 다발이나 더미일 수도 있다. 이 기법은 특히 잎들을 사용하였을 때 비늘 같은 모양을 만들어낸다.

장식용 케일 잎들이 겹쳐지고 결합되어 커다란 장미처럼 생긴 복합화가 되었다. 복합화를 만들기 위해서는 꽃잎 혹은 잎들이 각각 개별적으로 철사 처리 되어야 하지만 생화접착제를 사용할 수도 있다.

TECHNIQUES

미러링 (거울보기)

MIRRORING

이 기법은 작품 내에서 같은 소재들을 같은 방법으로 배열하는 것으로 이렇게 하여 한쪽이 다른 한쪽을 거울에 반사한 것처럼 보이도록 한다.

만약 현대적인 느낌의 이 가을 작품을 가운데 부분에서 반으로 나눈다면 각 반쪽은 서로 같은 모양을 가지게 된다. 거울에 비친 것처럼 디자인되어 미나리아재비와 델피니움, 스토크로 구성된 두 다발(묶음)은 호박처럼 생긴 박들에서 둘로 나뉘게 된다.

TECHNIQUES

파베 PAVÉ

파베는 작품의 기초나 물체의 표면을 덮기 위하여 개개의 소재들을 매우 가깝게 밀착시켜서 평평한 자갈과 같은 효과를 내기 위한 배치과정이다. 소재로는 꽃 소재뿐 아니라 잎, 과일, 채소, 꼬투리, 이끼, 돌 등과 같은 것들도 가능하다. 이 용어는 보석을 촘촘하게 세팅하는 보석 세공 예술 분야로부터 빌어 왔다.

많은 스프레이 국화가 둥근 플로랄 폼의 표면을 덮기 위해서 조약돌을 닮은 모양으로 촘촘하게 모였다.

TECHNIQUES

필로잉 (언덕만들기)   PILLOWING

필로잉은 꽃 소재들을 밀집되게 배치하여 언덕진 그룹들로 만드는 클러스터링(clustering) 기법의 특별한 형태이다. 이렇게 연속된 그룹들(pillows)은 어떤 것은 다른 것들보다 크고 높아서 언덕과 계곡같이 흐르는 듯한 모습을 지닌다.

소재들을 아주 가깝게 클러스터링(clustering 뭉치기)함으로써, 소재들은 개별적인 특성을 잃게 되고 색상과 질감은 강조된다. 각각의 필로우는 단 한 종류의 소재로 구성되어야 하며 그 다음에 있는 필로우들과는 다른 색상과 질감이어야 한다.

질감적으로 뛰어난 이 작품에는 필로잉 테크닉이 표현되었는데 리시안서스와 수국, 서양톱풀, 꽃잎을 떼어낸 해바라기 등이 '언덕과 계곡'을 만드는 방식으로 그룹별로 뭉쳐져 있다.

리본으로 장식한 정사각형 바스켓에 부바르디아와 미니 카네이션, 맨드라미가 밝은 색에서 어두운 색으로 점차 변하며 미적으로 배치되었다. 시퀀싱이라고 부르며, 반복적인 기법으로 시선을 끄는 효과는 흰색 리본에서 시작하여 옅은 핑크, 강한 핑크, 빨간색 그리고 진홍색으로 변화가 이뤄졌다.

시퀀싱 (연속배열) SEQUENCING

시퀀싱은 꽃과 다른 소재들의 크기나 색상, 질감에 점진적이고 꾸준한 변화를 주면서 배치하는 것이다. 크기는 작은 것에서 큰 것으로 또는 꽃봉오리에서 활짝 핀 꽃으로의 이동이며 색상은 밝은 것에서 어두운 것으로, 질감은 매끄러운 것에서 거친 것으로 이동한다.

전통적인 매스 작품에서 꽃소재들을 시퀀싱하는 일반적인 법칙은 밝은 색상이나 작은 소재들은 작품의 바깥 가장자리 부근으로 배치하며 보다 어둡거나 시각적으로 무겁거나 또는 큰 소재들은 작품의 중앙이나 바닥 쪽을 향하도록 배치하는 것이다.

TECHNIQUES

쉘터링 (지붕만들기)

SHELTERING

쉘터링은 나뭇가지나 잎 등의 소재를 한 개 혹은 여러 개를 사용하여, 아래에 놓인 소재들을 부분적으로 에워싸기 위해서, 다른 소재들의 윗부분 혹은 둘레에 배치시키는 기법이다

아래에 놓인 소재는 최소한 일부분이라도 보이도록 하며 이렇게 하여 둘레가 쳐진 공간은 전체 작품에서 특별하며, 보호되고 있는 초점영역이 되는 것이다. 쉘터링은 시각적으로 극적인 느낌을 연출하고 보는 사람을 아랫부분에 무엇이 있는지 찾아내기 위해서 더 자세히 보도록 자극한다.

쉘터링은 또한 그 안에 감춰진 디자인을 만드는 방법으로 화기를 통해서도 이뤄질 수 있다. 이 방법에서는 소재들이 화기의 테두리 아래에 배치되어 벽으로 보호된다. 종종 감춰진 디자인은 용기 안쪽 아래를 자세히 내려다 보아야만 볼 수 있다.

네 개의 키가 큰 유선형의 실린더 화병에 멋진 리시안서스를 담았다. 단일한 구성을 위해서 화병을 연결하여 풀과 기타 소재들의 집합을 이뤘다. 이런 소재들의 배치(리시안서스 위와 그 주위로)는 부분적으로 귀여운 자줏빛 꽃을 에워싸는데 이것이 쉘터링으로 알려진 기법이다.

TECHNIQUES

스태킹 (쌓기)   STACKING

스태킹은 유사한 소재끼리 한 개씩 혹은 다발로 나란히 또는 다른 하나의 위로 공간이 생기지 않도록 순서대로 배치하는 것이다. 소재의 줄기들은 수평적으로(가장 흔히 사용되는 방법) 혹은 수직적으로 쌓이게 된다. 수평적인 스태킹을 하면 줄기들은 플로랄 폼의 옆 부분에 밀집되어 배열되거나 서로의 위에 쌓이게 된다.

댕댕이덩굴 잎들이 밝은 노란색 거베라의 줄기로 꿰어져서 단지 한 송이뿐인 디자인에 창의적인 차원을 더해주었다. 스태킹 기법을 쉽게 얻기 위해서는 각각의 잎사귀를 펀치로 구멍을 내서 줄기에 꿰어주고 다차원의 입체감을 만들기 위해서 위치를 다시 잡아주면 된다.

TECHNIQUES

테라싱 (계단 만들기)

TERRACING

테라싱은 유사한 소재들 간에 공간을 주면서 수평적인 계단 방식으로 배치하는 것이다. 이러한 방식은 하나의 소재를 다른 소재 위에 놓아 일련의 층을 만든다. 소재는 표면이 평평한 것을 사용하고 크기가 점진적으로 변하게끔 배치한다. 층이 만들어진 소재들은 작품의 정면에서 시작하며 측면 위로 진행하는 나선형 배치로 보여진다.

테라싱은 또한 여러 개의 그룹들이 서로 다른 높이를 가지고 가깝게 모여 있는 작품을 뜻하기도 한다.

몇 개의 다육식물 에케베리아가 잎 소재만으로 만든 나선형 계단 형태의 작품 내에 위치하여 시각적인 재미와 직선적인 움직임을 만드는 계단을 형성하였다.

TECHNIQUES

터프팅　　　　　　　　　　　　　　　　　　　　　　　　TUFTING

이 기법은 컬러와 질감을 강조하기 위하여 작품의 바닥 근처에 짧은 줄기의 꽃과 잎, 기타 소재를 빽빽하게 배치하는 것으로 클러스터링 혹은 번칭과 연관이 있다. 각 그룹의 소재들은 반드시 방사형으로 배치되어야 한다. 터프팅은 작품 전체를 만들 때 혹은 작품의 일부분을 만들 때 모두 사용될 수 있지만 일반적으로 바닥 부분에 사용한다. 클러스터링이나 필로잉과 유사하다.

주로 줄기가 짧은 꽃과 잎사귀, 다른 소재를 사용하는데, 터프팅은 소재들을 가깝게 밀착시키는 클러스링이나 번칭과 유사하다. 이 작품에서 장미나 부바르디아, 핑크 맨드라미, 왁스플라워, 히스, 아스틸베, 돈나무, 아스파라거스 메이리들이 큰 그룹들로 배치되었으며 각 그룹들은 개별적인 주의를 끌고 있다. 아스틸베와 히스, 아스파라거스 메이리에 의해 만들어진 방사형 선은 터프팅 기법의 가장 전형적인 것이다.

베일링 (베일덮기)

VEILING

베일링은 아스파라거스와 실유카, 금속실, 엔젤헤어 등과 같은 가벼운 소재로 더 단단한 어떤 형체 위를 덮어씌우는 것이다. 이것은 아래에 있는 소재들을 부드러우며 약간 희미하게 만드는 효과를 낸다. 이 기법은 폭포형 디자인 스타일에서 주로 사용된다.

베일링 기법에는 컬러풀한 냉동건조 장미를 뒤덮고 있는 금속성 엔젤헤어와 같이 가벼운 소재로 덮어씌우는 방식이 사용된다. 보통 베일링 소재들은 작품을 약간만 흐릿하게 할 뿐이며 부드럽게 만드는 효과가 있다.

래핑 (감싸기)

WRAPPING

래핑은 천이나 리본, 라피아, 금속 끈, 실, 철사, 털실 등과 같은 장식용 소재로 한 줄기나 한 묶음, 전체 작품을 덮는 것이다. 이것은 기능성과 장식성 모두를 갖고 있다. 래핑은 또한 모양을 바꾸거나 꾸미기 위해서 화기에도 적용된다.

장식성과 기능성 모두를 만족시키는 것으로, 화려한 거베라 줄기 둘레를 예쁜 핑크색 리본으로 래핑하여 줄기들을 한곳으로 잡아주고 동시에 신부와 들러리에게 부드러운 손잡이를 제공한다.

TECHNIQUES

조우닝 (구획짓기)

ZONING

조우닝은 전체 구성 내에서 같은 소재로 구성된 여러 그룹들을 각각 작품의 특정한 지역(areas) 또는 구역(zones)에 배치하는 것이다. 이 기법은 그룹들 간의 공간이나 각 그룹 내 개별 소재들 사이의 공간이 분명해야 한다는 점에서 그룹핑과 유사하다. 각 그룹 사이의 공간은 반드시 만족할 정도로 충분해서 각각의 그룹이 명백한 독립성을 가지고 두드러져 보이도록 해야 한다.

조우닝은 또한 소재들의 개별적인 모양이나 색상, 질감이 돋보이도록 구성해야 한다. 이 기법은 단순한 꽃꽂이보다는 규모가 큰 작품에 자주 적용된다.

조우닝에서 소재 그룹들은 작품의 특정한 지역(구역)에 놓이고, 반드시 풍부한 공간이 그룹들 사이에 있어서 각각의 소재가 분명히 독립적으로 돋보여야 한다. 눈에 확연히 구별되는 히스와 패랭이, 비연초의 그룹들에서 이 기법이 잘 나타난다.

INDEX

ETC
1차색 The Primary Colors   82, 88, 89

2색 조화 Diadic   89

2차색 The Secondary Colors   67, 75, 82, 88, 89, 91, 117

3차색 (중간색) Tertiary, Intermediate   67, 75, 82, 88, 89

4색 조화 Tetradic   89

"L"자형 "L"-Shaped   30, 34, 49

ㄱ
강조 Emphasis   61, 63, 134

계란형 Oval   19, 37, 39, 40, 41, 115

개방형 Open Forms   59, 60, 94

곡선 Curved Line   98, 101

공간 Space   102

공격색 Aggressive Colors   86

관심지점 Points of Interest   61, 62

교차 보색 Alternate Complementary   89

그러데이션 Gradation   75

그레이딩 Grading   75

그룹핑 Grouping   132, 136

긍정적 공간(포지티브 스페이스) Positive Space   102

ㄴ
노즈게이 Nosegay   14, 16, 19, 113, 120

뉴컨벤션 New Convention   42, 44, 45

ㄷ
다색(多色) 조화 Polychromatic(폴리크로매틱)   89

단일색 조화 Monochromatic(모노크로매틱)
67, 87, 88, 92, 107, 115, 122, 135

대칭 균형 Symmetrical Balance(시메트리컬 밸런스)
59, 60

대칭 삼각형 Symmetrical Triangles   46, 47

대칭적인 선 디자인 Symmetrical Linear Designs   30

등거리색 조화 Triadic   67, 88, 89, 117

등화색 Secondary Colors   67

디테일링 Detailing   133

ㄹ
라인 Line   21, 44, 49, 97, 98, 134

라인 매스 Line-Mass   24, 30, 32, 34, 36, 94

라인 소재 Line Materials   21, 97, 134

래핑 Wrapping   150

랜드스케이프 Landscape   27, 28, 50

레이싱 Lacing   139

레이어링 Layering   44, 140

리듬(율동감) Rhythm   66, 72, 73, 74, 75, 76, 103

INDEX

ㅁ

매스 Mass   21, 24, 30, 34

매스 소재 Mass Materials   21, 97

매스 트라이앵글 디자인 Mass Triangle Design   30

명도 Value   63, 85, 86

모던 써큘러 디자인 Modern Circular Design   14

무채색 조화 Achromatic   89, 92

물리적 균형 Physical Balance   58

미러링 Mirroring   141

보태니컬 Botanical   10, 11, 12, 50

부채꼴 매스 Fan-Shaped Mass   21, 22, 110, 112

비대칭 균형 Asymmetrical Balance   35, 59, 60

비대칭 삼각형 Asymmetrical Triangles   46, 49

비더마이어 Biedermeier   16, 17, 19, 20

비율 Proportion   68, 70

빅토리아 시대 Victorian   16, 120, 121, 122

빈 공간 Voids   102

뾰족한 계란형 Pointed Oval   39, 40, 41

ㅂ

바인딩 Binding   129

반대(오퍼지션) Opposition   76

반복(리피티션) Repetition   72, 79

방사 Radiation   74

방사형 어렌지먼트 Radiating Arrangements   21

밴딩 Banding   128

밸런스(균형) Balance   21, 58, 59

버티컬 Vertical   32

번들링 Bundling   131

번칭 Bunching   130, 148

베일링 Baling   126, 127

베일링 Veiling   149

베지테이티브 Vegetative   27, 50, 52, 60

보색 조화 Complementary   67, 88, 93, 115

ㅅ

사선 Diagonal   33, 98

삼각형 Triangular   21, 30, 46, 47, 49

색상 Hue   85

샤워 캐스캐이딩 유러피언 신부부케 "shower"
Cascading European Bridal Bouquets   53

선명도 Intensity   85

세 꼭지 계란형 Three Pointed Oval   40

수직 삼각형 Vertical Triangle   47

수직 평행 시스템 Vertical Parallel Systems   44, 45

수직선 Vertical Line   98

수평 삼각형 Horizontal Triangles   47

수평선 Horizontal Line   98

쉘터링 Sheltering   145

스케일 Scale   70

INDEX

스태킹 Stacking　44, 146
시각적 균형 Visual Balance　21, 58, 59
시퀀싱 Sequencing　75, 144
식민지 시대 American Colonial　13, 110, 111, 113

ㅇ

어두운 색상 Shade　85
역 T 자형 Inverted "T"　30
연한 색상 Tint　85
영국식 정원 English-garden　114, 115
오픈 밸런스 Open Balance　44, 60
오픈 트라이앵글 Open Triangles　30
완전 보색 Full Complementary　89
원형 매스 Circular Mass　13
윌리엄스버그 Williamsburg　13, 113
유러피언 라운드 매스 European round mass　18
유로 라운드 Euro Round　15, 18, 20
유사 보색 Analogous Complementary　89
유사대칭 Nearsymmetrical　59
유사색 조화 Analogous　88
음화적 공간 Negative Space　102
이중 보색 Double Complementary　89
이중 인접 보색 Double Split Complementary　89
인접 보색 조화 Split Complementary　88
인접 보색 Near Complementary　88, 89

ㅈ

전환 Transition　75
조우닝 Zoning　151
조화(하모니) Harmony　64
중성색 Neutrals　82, 83
지그재그선 Zigzag Line　98, 100
진출색 advancing colors　85, 86
진한 색상(톤) Tone　85
질감 Texture　104

ㅊ

채도 Chroma　75, 79, 85, 86
초점 Focal Point　61
초점영역 Focal Area　61, 72

ㅋ

컬러 Color　63, 67, 82, 88, 89
쿠바리 Kubari　138
크레센트 Crescent　30, 35
클러스터링 Clustering　44, 132, 143, 148

ㅌ

터지머지 TUSSIE-MUSSIE, tuzzy-muzzy　16, 19, 120. 122

INDEX

터프팅 Tufting   148

테라싱 Terracing   44, 147

통일성 Unity   64, 78, 79

호가스 곡선 Hogarth Curve   37, 38, 94

후퇴색 Receding Colors   86

ㅍ

파베 Pave   44, 133, 142

페이싱 Facing   134

평행 리듬 Parallel Rhythm   74

평행성 Paralleism   43, 74

평행 시스템 Parallel Systems   42, 44

폐쇄형 Closed Forms   94

포멀 리니어 Formal Linear   24, 25, 26

폭포형 Waterfall   53, 54, 149

폼 소재 Form Materials   95, 97

프레이밍 Framing   134

플랑드르 디자인 Flemish Design   39, 116, 118

피보나치 배열(수열)
Fibonacci Sequence or Fibonacci Numbers   70

필러 소재 Filler materials   95, 97

필로잉 Pillowing   25, 44, 143, 148

ㅎ

핸드 타잉 Hand Tying   137

형태 Form   94, 97